封面介紹

作者：蓮生活佛盧勝彥

主題：燈塔指引光明
佛法教化善行
一路吉祥如意
豐收自然可期

創作時間：2024年2月

書畫賞析：《華嚴經》中有一段話：「願一切眾生，得智藏身，於不死界，而得自在。願一切眾生，得寶海身，見皆獲益，無空過者。願一切眾生，得虛空身，世間惱患，無能染著。」，這正是作者之所以奉獻一生心力，以文字和演說，為身在紅塵眾生說法的緣由。因為他知道，唯有去領受「智慧」佛性的教法，進而如實的修持，才能從一個「無明」的自己，進而了解「明」的真實義。

因此，當人們常疑惑著：「修行一定要有師父嗎？」，作者在書中才告訴我們：「如果沒有師父的指引，就像盲人摸象，同時會走很多的冤枉路，怎麼繞，也無法到達目地。」並更進一步的說明：「所以，一定要有上師。祈求上師慈悲引導，祈求上師加持，實修上師教的法。」而，本書重點是作者對凡塵中你我，所謂的小叮嚀，就是他佛法智慧的傳授、就是他慈悲的引導，再三、殷勤的囑咐，如同畫作中一座導航的燈塔在茫茫大海、無盡十方法界中矗立著，因而選用為封面。

而設計上在原本的畫作，加入了複雜紛亂的線條，如同在凡塵中若盲目求法，道路是迂迴纏繞；另加強原畫明燈的光芒，讓大日有陣陣放光閃耀的視覺效果，猶如上師的再三叮嚀，指引你我如何免於障礙，可迅速通往光明之路。這樣的指引，正是作者期待眾生能「有智慧，得自在。」、「有法寶，得利益。」、「有空心，得無惱。」的三大心願。

財團法人

真佛般若藏

妙智慧的總集 明心見性由此開始

第一願——有智慧，得自在。
第二願——有法寶，得利益。
第三願——有空心，得無惱。

～蓮生活佛盧勝彥

凡塵的小叮嚀

A Reminder to the Mortal World

小語篇篇

盧勝彥・著

凡塵的小叮嚀（序）

那一天。

我想寫三〇三冊書的書名。

我想到《華嚴經》的一段話：

「願一切眾生，得智藏身，於不死界，而得自在。願一切眾生，得寶海身，見皆獲益，無空過者。願一切眾生，得虛空身，世間惱患，無能染著。」

第一願——有智慧，得自在。

第二願——有法寶，得利益。

第三願——有空心，得無惱。

我的這本書，有了方向，我要為這本書，取一個「美名」。

因為眾生是在「紅塵」，所以我先想到「紅塵」二字。

又，

我想到要為眾生說法，那就用「小語」二個字吧！「小語」很文雅。

書名就是「紅塵小語」，如何？

蓮麒上師說：

「師尊以前有一本書就是《走出紅塵》。」

好！那就改成「凡塵」，同樣的意思，但不同字。

玉婷師姐說：

「師尊早期的一本書，很轟動，就是《夢園小語》。」

我說：

「那不用小語，用『呼喚』好了！就叫『凡塵呼喚』，如何？」

蓮香上師插嘴：

「呼喚大嚷大叫，比較勉強，用『叮嚀』比較貼切！」

玉婷師姐說：

「師尊以前有一本書，就叫《小小叮嚀》。」

哇！又重複了！

用「凡塵筆記」筆記太多了！也一樣重複。

用「凡塵警語」不文學！

用「凡塵隨筆」隨筆也一樣多！
真的，要取一個書名，也真是的大問題，最後，唉不管了！
「小小叮嚀」少一個「小」字吧！
於是，
《凡塵的小叮嚀》就出來了！副題是「小語篇篇」。
就這樣吧！
書名就如此定下來了！

這本書的寫法，就是想到什麼就寫什麼，但，至少要眾生得益。
我（盧師尊）八十歲了。
修行了五十多年。
比一般人有些小小經驗，及小小心要，小小的不算成就的成就。
寫出來，對大家有個交代。
這本書的表達方式，我用我喜歡的文體，小品與小詩。

有實修。
有問答。
有意義。
祝開卷有益！

蓮生活佛・盧勝彥
Sheng-Yen Lu
17102 NE 40th Ct.,
REDMOND WA 98052
U.S.A.
二〇二四年七月

凡塵的小叮嚀

小語篇篇

A Reminder to the Mortal World

目錄 CONTENTS

004 凡塵的小叮嚀（序）
010 本尊是誰？
014 行者要有師父嗎？
018 我常常想到「無常」
022 從「無明」到「明」
026 恆心與毅力
030 毅力如何產生？
034 為什麼要「上師加持」？
038 慈悲心與虔敬心
044 一體同觀
048 什麼是「證悟」？
052 修行人如何處世？
058 什麼是「障礙」？
062 對「蓮花童子」的祈禱文
068 千萬不可入「頑空」
072 「雙運」就是修法
078 「真空」「妙有」雙運
084 我對「五戒」的心得
096 「佈施」的要義主題
（二封報告）
100 盧勝彥佈施基金會報告
104 修行須依序漸進

108 不二法門
112 附：祝壽函
114 「煩惱」的本質是「空」
120 拾慧（拾穗）
128 「解憂小公主」的思想
134 「出家」的重要性？
140 釋蓮屹的法眼
146 「法力」的運用
150 「超度」的感應
156 〈上古天真論〉《黃帝內經》
160 聖觀音法會的見證
164 人問我「志向」如何
168 廣成子的「長生」
172 「重逢」的片語
178 我寫「重逢」的詩
182 一位校長的自述
190 寫給「蓮花玫蓮」
194 感恩至上
196 手印的感應
198 肺部的陰影
200 恍惚恍惚之中
202 「蓮訶」的報告
206 評《空行花雨》
212 「法身」的如是
218 法王作家及畫家介紹

本尊是誰？

真佛宗的弟子都知道，盧師尊有三個本尊：

瑤池金母（啟發本尊）。

阿彌陀佛（本地本尊）。

地藏菩薩（願力本尊）。

首先是瑤池金母，叫我出來度眾生，我這一生，就聽祂的，這是啟發。

我知道我是蓮花化生的童子，在摩訶雙蓮池的大白蓮花童子，是阿彌陀佛的化現，所以阿彌陀佛是我本地。

又，

我發願如地藏菩薩，地獄不空，誓不成佛。所以地藏菩薩是我本尊，是願力本尊。

我告訴大家：

有一條歌，其中一小段：

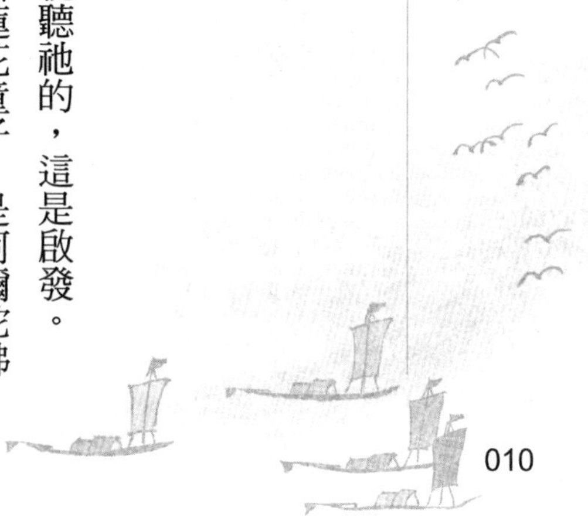

想祢時，祢在天邊。
想祢時，祢在眼前。
想祢時，祢在腦海。
想祢時，祢在心田。

我說：

這是佛歌，不是情歌，密教的觀想，就是把本尊從「天邊」迎到行者的「心田」。

然後，

無二無別，自己成為本尊，二合一，行者就變化成本尊。

現在我們知道了吧！

本尊是誰？

本尊就是「我」。本尊是「盧師尊」。

告訴大家一個驚人的信息：

我們的心性，就是佛性。

我們是佛。
千真萬確。
密教指出，
佛就是傳承，佛就是本尊，佛就是自己，一切的一切全是自己。
有一個傳承是最真實，這是「法爾本然」的傳承。
佛是自己。
法是自己。
僧是自己。
所以是「自皈依」。
從一個「無明」的自己，如何去領受「智慧」佛性的教法。
如實的修持這個教法。
最後證得：
無上正等正覺。
此時，
心。

佛。

眾生。

三無差別。

原則上，釋迦牟尼佛是我們眾生最大的導師，佛陀教導我們方法，這個方法，就是「明白自己心性的方法」。

我們給這些方法，取名：

「大手印」。（白教）

「大圓滿」。（紅教）

「大威德」。（黃教）

「大勝慧」。（花教）

現在擁有這四大教派傳承的人，在這世間有一個。這個人就是「盧師尊」，就是「蓮生活佛」，就是「我」。

盧師尊了知「自性」，教導眾生了知「自性」，所以我是「大持明根本上師」。

善哉！

行者要有師父嗎？

有人問我：

「修行一定要有師父嗎？」

我答：

「是的。」

我說：

「如果沒有師父的指引，就像盲人摸象，同時會走很多的冤枉路，怎麼繞，也無法到達目的地。」

例如一首偈所說：

心即是佛，不知如何認識？

念頭是想修行，但如何修？

雜念與生俱來，如何消除？

很多心要口訣，但我不會用？

……………。

所以，一定要有上師。

祈求上師慈悲引導，祈求上師加持，實修上師教的法。

如此，本然的明覺就能顯現。

有些人，對於「佛法」，根本不信。

他們問：

「有輪迴嗎？」

我答：

「春夏秋冬就是輪迴。」

他們問：

「有因果嗎？」

我答：

「種豆得豆，種瓜得瓜，就是因果。」

他們問：

「有報應嗎？」

我答：

「吃什麼東西，就會變成什麼人。」

他們問：

「有天堂地獄嗎？」

我答：

「快樂就是天堂，痛苦就是地獄。」

他們問：「我們為什麼要修行？」

我答：

「若不修行，痛苦肯定不會自己停止。」

我這些回答，簡單而且扼要，你最好相信，如果還是不相信，我也沒有什麼辦法。但，我會一世又一世的等你，就算是愚鈍的凡俗有情眾生，我也會等到底。

坦白說：

我自己也皈依了很多師父，例如：

印順導師。

樂果法師。

道安法師。

在密教：

了鳴和尚。

薩迦證空上師。

十六世大寶法王噶瑪巴。

吐登達吉上師。

另有無數的師父。

我自己在學習的過程中，曾經遭過師父的責怪甚多。

罵我的不少。

甚至寫書批判。

但，我這個人，還有一點小長處，我從不反駁，也不敢怪師父。

師父罵你，一定是關心你。我會更加聽師父的話，有過則改，祈求加持。

我只有感恩！（記住《事師法五十頌》。）

如此才會有成就！

我常常想到「無常」

我的思維中，有二個字，令我「心驚動魄」，這二個字，就是「無常」。

我說：「我的出生就是無常。」

人問：

「出生如何無常？」

我答：

「我出生時，全身是白紗絲纏繞，只能知道白紗絲內有個小孩。後來洗盡白絲，我才出來，這就是無常。請問，世上有那個小孩出生，身上纏滿了白紗絲的？」

我又說：

「我的出生有第二個無常。」

人問：

「第二無常是什麼？」

我答：

「我是七個月出生。」

「那是早產兒！」

「不錯！我媽媽告訴我，盧勝彥是早產兒。但，我爸爸不信，哪有結婚七個月，就生小孩的？後來，我先給外婆養，再轉給我阿姨養大。」

至今，我不知為什麼七個月就出生？

我父親始終不認。

這不是無常嗎？

（註：我沒有檢查ＤＮＡ，因為家人害怕答案）

人問：

「為什麼盧師尊常常想到無常？」

我答：

「我常去墳場，看到墳場，就想無常。」

我說：

「去醫院重病房看看，會令你更想無常。看到飛機失事、輪船翻覆、車禍、地水火風災難、戰爭⋯⋯⋯⋯。都令我想到無常，還有無數無數的意外，全是無常唉！」

「還有呢？」

我說：

「我少年青年滿帥的，現在為什麼這樣？我年輕的時候，身強體健，現在為什麼走路有老態？我好像不能活很久，我走的時候，一毛錢也帶不走，我當然會想無常。」

我現在知道：

生苦。

病苦。

老苦。

死苦。

我不只想我自己，我也想別人。原來不用比較，所有的人都一樣。上至總

統，下至販夫走卒，全都是一樣。有錢人、窮人也一樣。美與醜也一樣，名氣大與默默無名一樣。

一樣……一樣……一樣……一樣。

既然是「一樣」，我們活在世界上，是做什麼？釋迦牟尼佛告訴我們：

諸行無常。

諸法無我。

涅槃寂靜。

一實相印。

（這是四種真理。我們體會到苦、空、無常、無我）

於是，

我想到如何超越，除了超越它，沒有其他的方法了。

超越只有修行，除了修正自己的行為，更要明白如何了生脫死。

我要明白「生命」的實相。

從「無明」到「明」

我們人類大半是「無明」的。
由於「無明」，這個世界就愈變愈糟。這是「無明」而導致行為所造成。
例如：
森林砍伐，破壞了生態系統和所有生物環境面臨困境。
土壤腐蝕，化學的物質破壞了土地的肥沃，以致沙漠化、土石流。
水早就被病毒、寄生蟲、化合物及一切穢物所污染。
空氣早已失去新鮮，不良的工廠煙囪，吐出所有毒煙。
灰塵。
毒煙。
化學排放。
垃圾的燃燒。
⋯⋯⋯⋯。

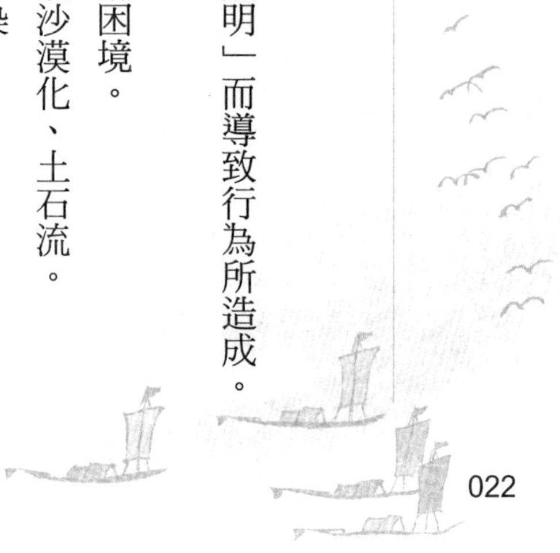

由於空氣與水，還有土壤的污染，傳染病盛行，發高燒、肺炎、肝炎、腦膜炎、腎臟炎、腹瀉。…………

我們所吃的東西含著：

清潔劑。

防腐劑。

農藥。

瘦肉精。

化合食品。（再製食品）

等等等等。

很多可怕的八萬四千種病都在等著我們。這些全是人們的「無明」所造成的。

旱災、水災、極端氣候、聖嬰現象造成了貧窮、犯罪、墮落、家庭破碎、瘟疫、飢餓。…………這些苦難，全是「無明」造成的。

還有心靈上的「無明」：

「貪心」。

「瞋怒」。
「愚痴」。
「嫉妬」。
「仇恨」。
等等等等。
外在的世界，地、水、陽光、風、天空，失去了平衡。內在的心靈，同樣失去了平衡。

我在這裡告訴大家：
現在要治療這些創傷，只有「佛法」而已。生態的恢復，要保護植物、動物。淨潔水、空氣、大地及天空。
內在要：
「身清淨」。
「口清淨」。
「意清淨」。
這樣的人間，才會是「善果」出現的淨土。否則就是沉淪。

我們學習佛法，知道什麼是「無明」，什麼是「明」。

「無明」是不明白真理。

「明」是明白真理。

明白了「人生是幻」，「人生是夢」，明白了「苦、空、無常、無我」。

最後明白：「無所得！」

那一切「煩惱」與「執著」就能斷盡，這就是：「悟無所得，頓斷煩惱」，這時就能內在清淨了。

而外在的世界，由個人到團體、到國家，保護世界豐富的資源。為了眾生利益，行慈悲的文明，如此世間才能得救。

恆心與毅力

我（盧師尊）曾經如此說：

「我無長處，非常平凡，但，只有毅力而已！」

我讀過「畢哇巴」的傳記。

他持密咒數十年。

毫無覺受，一點感應也沒有，自覺持之無用，心灰意冷。

他覺得沒有希望，便把持咒的念珠，拋入糞坑。

當夜，「空行母」現身，鼓勵他，成就已在目前，勿放棄，要有毅力。

「畢哇巴」含淚，從糞坑，撿起了念珠，洗淨薰香，重新再持密咒。

後來終於有成。

又：

張澄基博士寫的「密勒日巴」傳記。

「密勒日巴」依止「瑪爾巴」上師。

「瑪爾巴」給他苦頭吃。

拳打腳踢。

惡言相向。

不給他灌頂。

叫他蓋房子，蓋了又拆，拆了又蓋，蓋了又拆，拆了又蓋。

□形房子。

◇形房子。

▷形房子。

▯形房子。……

整得「密勒日巴」全身傷痕結疤，幾乎讓他承受不了。

如果換其他人，早就跑了。但，他為了正法，受了百般污辱，全忍了下來。

後來，

「密勒日巴」成就了「拙火法」，成為一代祖師，「密勒日巴」的毅力了得。

我坦白告訴大家：

我修「明點無漏」，也修了數年的功夫。

幾個要點：

持住明點。

提明點飛須彌山。（名詞）

有很多口訣：

一、轉移

二、薩迦六勢變。

三、吐納法。

四、觀想法。

…………。

我必須先有了「慾念」，當明點要射出，即時持住明點。（吐納）

接著是提住明點牢牢的，此時的心念是「空」的「清淨」。（吐納）

由「慾望」轉向「清淨」的空，是很重要的口訣。

肢體是「薩迦六勢變」。

念頭轉移很重要。（觀想）

由「慾念」入於「清淨的空」。

如此循環，「慾念」與「清淨」一次又一次的更換。

一直到了「慾」、「淨」兩忘。

行者與虛空的本尊合一。

產生了：

大樂。

光明。

空性。

我的修持全靠「毅力」，沒有「毅力」，這個法是不可能成功的。

其實「明點無漏法」才能修成「金剛不壞身」，但，不容易啊！（我毅力第一）

毅力如何產生？

我（盧師尊）有三件事，是每天要做的：

一、寫作。（一日一小品）

二、修法。（日日修）

三、畫畫。（一日一幅畫）

我毅力十足，天天如此的做。

有人問我：

「毅力如何產生？」

我答：

「我的師父說，每天要做有『意義』的事。做好每天的小事就是做大事。」

我又說：

「確實那不是一件容易的事。但一定要養成習慣，圓滿了這三件事，生命覺得很充實，否則是浪費了時光。」

我想到生命很短。

時光易逝。

人不可以白活。

其實人的生命，得來不易，既然已得人身，而浪費掉這個人生，是非常可惜的。

要「悅性」。

不要「墮性」。

「懈怠」是人的通病，一定要超越它，能超越，就有了價值。

我說：

「人本來每天就要做運動的，那是很好的事。如果不做運動，懶惰而不做，那會變成身子不靈活，不柔軟，身子敗壞了，所以運動很重要。」

這也是毅力。

我因為寫作的毅力，每天寫，才能有「三百冊」的成績。

我因為修法的毅力，本尊合一，咒有力量，三摩地成就。

我每天畫一張畫，才能成就百、千、萬的畫作，而且靈思泉湧。

能專一。
腦力靈活。
所以「毅力」太重要了，這樣才有「長遠心」，不會「虎頭蛇尾」。
我說：「任何一個成就者，毅力都是十足的。」
我把「寫作」、「修法」、「畫畫」都當成修行佛法的功課。
因為任何事都是佛法！
以「寫作」來說，它就是「文字說法」。
以「修法」來說，它就是「身口意」清淨。
以「畫畫」來說，它就是「佛法藝術」。
這三者，都是修行專一的佛法，因為行者必須精神統一，紛紛的雜念就要停止。當我們寫文章時，專注於筆畫，不能寫錯字，不能寫別字，當然要「一心」。
「修法」要「一心」，不能有妄念，這是任何人都知道的。
觀想專一。
持咒專一。

入三摩地專一。

「一」就會產生法力。

「畫畫」必須要專一，墨分五色，要調出五色，那就是功力。

精神集中，運筆均勻，深淺濃淡，一筆即成。

這完全是精神統一。

老子說：「人能守一，萬事畢！」

佛陀說：「精神統一，無事不辦！」

為什麼要「上師加持」？

弟子問：

「為什麼要上師加持？」

我答：

「因為上師代表了佛、法、僧。具德的上師，有很多的法力，例如傳承力、神通力、除魔力、超度力，另有五力、十力。得到了上師的加持，修持的功德大增。」

弟子問：

「傳承力是什麼？」

我答：

「密教上師均有傳承，傳承的法流在弟子身上，表徵了無量的加持，歷代祖師的力量，灌注在弟子身上。」

弟子問：「什麼是神通力？」

我答：

「神通有六，天眼、天耳、他心、宿命、神足、漏盡。得了上師的加持，容易得到五眼六通，可以幫助弟子修行。」

弟子問：

「什麼是除魔力？」

我答：

「除去弟子的障礙，例如干擾、外靈入侵、身體疾病、氣脈不順等等。藉由上師的加持，使你的障礙去除。」

弟子問：

「什麼是超度力？」

我答：

「因為上師的加持，把弟子的纏身靈、外靈、水子靈、邪靈、怨親債主靈…………。將這些靈給超度了。這就是超度力。」

弟子問：

「什麼是五力？」

我答：

「五力是：

信力——破除障礙。

進力——能破懈怠。

念力——能破昏沉。

定力——能破散亂。

慧力——能破愚昧。

具德的上師加持，是有五力。有信心的弟子，得加持，在修行上助益甚大。」

弟子問：

「什麼又是十力？」

我答：

「那是具德上師，已到最高境界，即是如來的十力。這十力是無上的，得到這種加持，就是加持的大成就。

一、得無上智慧。

二、三世因果全知。

三、三種解脫均明白。

四、入三摩地的禪定。

五、給諸眾生得種種知解。

六、分別智。

七、盡得無漏及一切法。

八、一切無障礙。

九、神通具足甚至無礙涅槃。

十、一切習性盡除，正等正覺。」

我說：

「有了上師的加持力，修行就會得到大益，甚至一加持，馬上證悟四聖界。如果沒有上師的加持，不知道要修行百、千世才能成功。所以上師的加持是至要、至要。」

常常祈請上師加持，利益大矣！

就算一隻蚊子受加持，也能到諸天界。

慈悲心與虔敬心

接受「上師加持」要具備什麼？

我說，要具備「信力」。

彼此一定要「互信」。

具德的上師一定要有慈悲心。

而具信的弟子要有虔敬心。如此，相得益彰。

我記得有一個故事是這樣的：

一位大上師與一位侍者弟子在洞穴修行。

大上師身上爬滿了很多隻蝨子，大上師用手捏死了一隻蝨子。

唸：

「往生淨土，超生出苦。嗡阿彌爹哇些！」

那隻蝨子就往生佛國了。

接著一隻又一隻。……………

全往生佛國了！

那位虔敬的弟子在身旁看見了如此的情景。
心生一念：
「我如果是那隻蝨子就好了！」
大上師明白弟子的心意。
對弟子說：
「你想去佛國？」
弟子答：
「是。」
大上師只一彈指。
虔敬的弟子，在一彈指的加持下，「啪」的一聲，倒在地上。
也迅速到達了佛國。
（註：在娑婆世界修行，要很久的時間才能到佛國。而大上師只一彈指，即刻往生，豈不是太幸運了）
這些成就。
就是在「互信」上。

我在這篇文中，佈露一封信，證明「虔敬心」的弟子，會獲得感應：

致敬愛的師尊：

弟子也特別想感謝師尊這些年的加持和指點，本來想親自去西雅圖向師尊稟報，但最近剛搬家又加上工作很忙要連續加班只能用寫信的方式。師尊的法身這些年總會在必要的時候給弟子夢示，指點弟子接下來要準備的事情，像走出來找新工作，生活工作中即將發生的事情，師尊的法身會叫我起來修法等等，還有一些關於某個雷藏寺未來發展的事情，這些事情都是之後真的應驗了，而且和師尊夢示的完全一樣。非常神奇且玄幻。知道情況的朋友都開玩笑，説弟子不需要出門，只要在家睡覺做夢就什麼事情都知道了。

有段時間一直聽到周圍有人會説「師尊那麼忙，根本沒空搭理你這個小小弟子，求師尊他也不會來」，弟子當時聽完覺得很沮喪，信念都崩塌了，覺得弟子生命中除了師尊和佛法已經沒有別的了，如果求師尊都沒用那人生就沒什麼意義了。當時在公司上班也沒什麼心情，突然我

就看到師尊的法身出現跟弟子說「師尊在呢」，當時師尊法身顯現時，弟子身邊充滿了很濃郁且清香的檀香味，師尊賜給我的平安符雖然被塑膠紙包著，但也散發出了檀香味，而且弟子雙手也是檀香味，用洗手液洗了之後還是濃郁的檀香味，而且這個味道是塵世間沒有的。當時弟子整個人都有種很安心、很幸福的感覺。哪怕我是個小小的弟子，師尊法身也會來加持，師尊真的是化身千千萬來加持每一位真心祈求的弟子。現在弟子感覺只要按師尊教導的、保持正心正念，不論發生什麼都是最好的安排，生活都會好起來。再次感恩師尊，阿彌陀佛，祝師尊法體安康！

二〇二四年八月

弟子蓮花增增合十頂禮

我另外有個小故事告訴大家：

有一位上師帶著一位弟子過河。

河水非常湍急，激起了白色的浪花，而且河中佈滿了岩石。

師徒二人要過河，有點猶疑。
師父說：
「我給你加持過河！」
這位徒弟對師父的加持有極大的信心，馬上跪下求加持。
師父唸了一偈：
過河過河。
河神護佑。
大步一走。
不怕水流。
師父給徒弟摩頂，弟子頓發「信心」，真的一踏入水，奮勇向前，就上了彼岸。
再來就是這位上師過河。
上師本身怕水，想想弟子都過去了，我豈能不過去？
師父一碰水，水冰冷，水花四濺，就喝了一口水，走到河心，在岩石上滑了一跤。

他沒信心。

一個激浪，竟把上師捲走了，真是水東流，上師一去不復返。

（註：信心可以產生「信力」，弟子有信力，故過了河。上師自己無「信力」，應該祈禱傳承加持力。另，懂得「水性」也很重要。」

我（盧師尊）從小便知水性。

我曾在「加勒比海」游泳。

穿潛水衣，帶氧氣筒，進入「波多牙瑪塔」的深海底觀光。

一體同觀

我們都知道：

佛陀帶著眾弟子，行走在郊野。

佛陀看見一具枯骨。

佛陀便上前，雙手合掌，禮拜了這具枯骨。

眾弟子不解。

釋迦牟尼佛為什麼向陌生的枯骨，行起了大禮拜？

眾弟子疑惑的看著佛陀？

佛陀說：

「他是我過去世的父母！」

眾人問：

「怎麼會是？」

佛陀答：

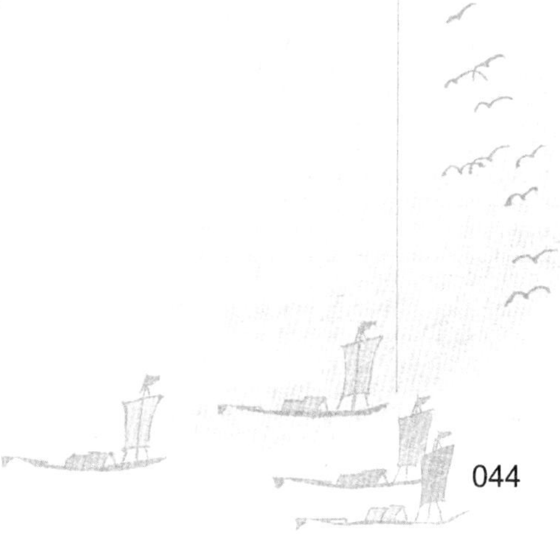

「你們不明白，在多世的輪迴之中，你自己過去世的父母甚多。你們要看成，他們都是自己的父母。」

佛陀接著說：

「輪迴是苦，過去世的父母均在受苦，我們能夠做些什麼幫他們，這是我們行者的責任。」

於是，眾弟子合掌稱是。

從前有一位喜見菩薩，很喜歡所有的眾生，而眾生也喜歡看見祂。所以祂就是「喜見菩薩」。

其實，喜見菩薩把眾生看成自己。

（大家佛性相等）

眾生也都是喜見菩薩。

這就是「一體同觀」。

當我盧師尊明白了這個道理之後，我改變了自己。

思維眾生是自己的父母。

努力生起真誠的悲心。
他們還不知道「一體同觀」的勝義諦，生生世世在輪迴中痛苦流轉。
環環相扣。
我們要以「慈悲心」及「虔敬心」去幫助任何一個人。
我說：
「人與人不是初相見！」
而是，
「久別重逢！」
有聖哲說：
「要消除慾念的方法是：
男人視女子：
年長的是母親。
年紀相彷彿，視為自己的姐妹。
年幼的，視為自己的女兒。
反之，女子視男人：

年長的是父親。
年紀相彷彿是兄弟。
年幼的是自己兒子。」
（這也是一體同觀）

這些年來，我明白了，所有的眾生都是自己，我與眾生不二。
幫助眾生就是幫助自己。
沒有你我他的分別。
我能證悟，也要眾生證悟。
慈悲喜捨都是無量。
每天只有感恩，再感恩，再再感恩。
我受屈辱，那是因為他們不知道，這些都是可以理解的。
我發起了最大的慈悲心！

什麼是「證悟」？

很多人問我：

「什麼是證悟？」

我答：

「這個問題甚大，說來話長。但，我可以用短而妙的意涵回答。」

問：

「如何證悟法身？」

答：

「離舍破立是法身。」（請仔細意會）

問：

「如何證悟報身？」

答：

「明空無執是報身。」

問：

「如何是應身？」

答：

「無諸遮止是應身。」

（三身自性相同）

又問：

「人生之悟？」

答：

「要知有生就有死，有聚必有散，生命消逝如流水，人生苦短如夢幻。」

又問：

「如何悟無常？」

答：

「人生本無常，生死皆是命，人生之命，草木一般。」

又問：

「什麼是死？」

答：

「人之將死，氣數而已，生命如幻，曇花一現。」

又問：

「如果沒有證悟是如何？」

答：

「沒有智慧的雙眼，愚昧的黑暗籠罩四野。」

又問：

「證悟又如何？」

答：

「太陽昇起，黑暗驅散。蒙受佛恩，五毒化淨。若得證悟，愚昧不存。肉身非實，法身顯現。」

又問：

「可以更詳盡的說明法身嗎？」

答：

「莫執於內，莫斥於外，莫念何處，你我他皆不是，三際一如，橫徧十方，

一切平等，安住於空。」

又問：

「有為無為？」

答：

「有為皆無，無為是空，空不異色，色不異空，善巧方便而已！」

又問：

「境界如何？」

答：

「佛、菩薩、緣覺、聲聞。」

又問：

「證悟什麼？」

答：

「無所得之得。」

我如此回答，簡短有力，諸佛菩薩，放五光十色照我（盧師尊）。

嘆未曾有，善哉！

修行人如何處世？

有人問我：

「修行人如何處世？」

盧師尊答覆如下：

眼界要寬大，就像虛空一樣的無止盡，也可指心量，眼界寬，心也寬，肚量大。一舉一動，有規有矩，要守本份，不輕舉妄動，輕時如涓流，動時若瀑布。

理想要高如同爬須彌山，一步一腳印，總有一天到達目的，要有毅力及長遠心，成功不是偶然。

對人保持親切的笑容，不可有厭惡的表情，自己融入人群中，隨緣度化他人，如同四攝法門。

要守住社會制度、法律、規矩，千萬不要脫線、放蕩，違法的事情不要做，臨崖勒馬很重要。

待人要像自己一樣，己所不欲，勿施於人。年長的如父母一般，年齡相若，如兄弟姐妹一般，年小的如自己子女。

說話記住，要不兩舌，要不惡口，要不綺語，要不妄語。

說話有條有理。

說話輕聲細語。

說話言出必行。

說話多念佛號。

說話全是善言。

說話不說八卦。

說話不打高空。

說話不是聊天。

說話增進友誼。

說話言中有物。

說話非常健康。

談到健康要注意，禍從口出，病從口入，飲食要定時定量。

道家重「精、氣、神」。
密教重「氣、脈、點」。
顯教重「佛、法、僧」。
這全是身體健康，才有修行的基礎。佛、法、僧也是自己，自己就是佛，自己就是法，自己就是僧。
身體健康是修行的根本。
不貪。（淫）
不瞋。（怒）
不痴。（無明）
對自己的健康，有益無害。要懂養生之道，非禮勿視、非禮勿聽，眼、耳、鼻、舌、身、意均是。
修行必帶三分病，這是錯誤的觀念。
在理財方面：
要勤儉，要積蓄，應得的財物，懂得應用。
不應得的財物，不可貪染。

勿賭。

不做投機生意。

要靠自己的技能賺錢。犯法的錢，勿貪著，君子愛財，取之有道。

懂佈施、做公益。

富貴不能淫。

貧賤不能移。（堅定信心，道心不退）

處世以公。

忍辱如地。

清淨白蓮。

禮賢恭敬。

日日行善。

對於惡事要避如蛇蠍。

信仰要專一崇敬十善。

敬信三寶聽師講經。

利益眾生濟貧救困。

心靈清淨如晴空萬里。
日常生活不可懈怠偷懶。
做事要有始有終。
要有誠信。
對於國家要盡忠，對於信仰要專一，愛國愛教。
尊重所有的人，不只如此，要尊重所有的生物。
空中飛的。
地上爬的。
水中游的。
不殺生，更要護生。
不可嗜酒抽煙吃毒，一者容易錯亂，二者破壞環境，三者會亂了自性。
對於老人，更要孝敬，養老送終。對於幼童，切莫怠慢，教育有方。
修持佛法，禮讚三寶，隨喜建寺廟，辦道場，參加同修，自己每天修禪定，一心修法。
學佛要「聞思修」也可著書立說，說法利生。

供佛、供法、供僧、要守佛教戒律，行十善法。

出離惡趣，斷除煩惱。

發菩提心，助人離苦得樂。

慈悲為懷，走大乘之道。

我認為佛教的戒律非常重要，能守戒律，才是修行人。

什麼是「障礙」？

有人問我：

「我修法有障礙，怎麼辦？」

我說：

「誰綁你了？」

答：

「沒人綁我！」

我說：

「那就是自己綁自己。」

佛陀告訴我們，一般談到障礙有二種：

一、煩惱障。

二、所知障。

前者是「貪、瞋、痴」。後者就是「執著」。

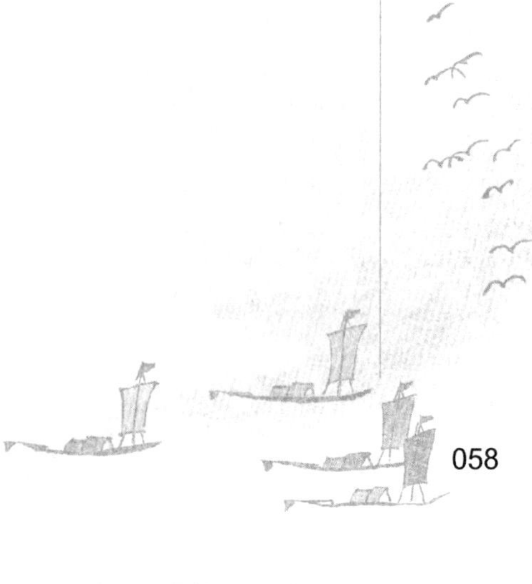

我告訴大家，真正的大瑜伽士，處世是獨立不倚，而且不為一切障礙所拘，隨處自在悠遊的。

我個人認為，在理念上，要消除「煩惱」及「執著」並不難。

一、無所得，頓斷煩惱。

二、無所得，頓斷執著。

一個行者，深悟「無所得」，時時念頭是「無所得」，必然是：

一掃煩惱輕。

二掃業障消。

三掃霉運去。

為什麼？因一切皆「無所得」，何必煩惱？何必執著？

這就理上的開悟。

例如：

「財」，沒有人能帶走一根針。

「色」，沒有人能永保青春。

「名」，沒有人能擁有「空」的永世之名。

…………。

那煩惱什麼？

那執著什麼？

（這是理之悟）

而在事法方面：

密教告訴我們：

以貪止貪。

以瞋轉化金剛。

以痴轉化智慧。

所以貪、瞋、痴都是佛法。淫、怒、痴也都是佛法。

淫有「雙身法」。

怒有「金剛法」。

痴有「智慧法」。

財有「財神法」。

色有「雙身法」。（重複）

名有「敬愛法」。

重點是兩個字「轉化」，把所有的習性「轉化」成清淨。

也就是要除障礙，理事二者相合而一，行者入成就境界，現光明自在的佛性（自性）。

我認為：

人的肉體欲望會帶來障礙與執著。

當人修到了精神超越肉體，人的精神與天地法界相應的時候，自然障礙清除了。不只如此，一切自然而然的究竟成就。

六大神通。

本性光明。

就一切可以證得了。

（如果不修行，人與牛並無差別，就是吃飯，睡覺而已！）

切記！切記！

對「蓮花童子」的祈禱文

嗡啊吽
Emaho！稱讚正覺紅冠聖冕金剛上師
最光明白衣蓮花童子
親愛的古魯蓮生聖尊
汝心展開最慈悲的教誨
從摩訶雙蓮池界降世
嗡古魯蓮生悉地吽隨著共鳴
您的光芒驅除我們的心中的黑暗
指導我們向清淨覺悟
稱讚古魯蓮生佛
歷苦海的大風大雨您是我們的燈塔
寒夜的時候您是我們的溫暖

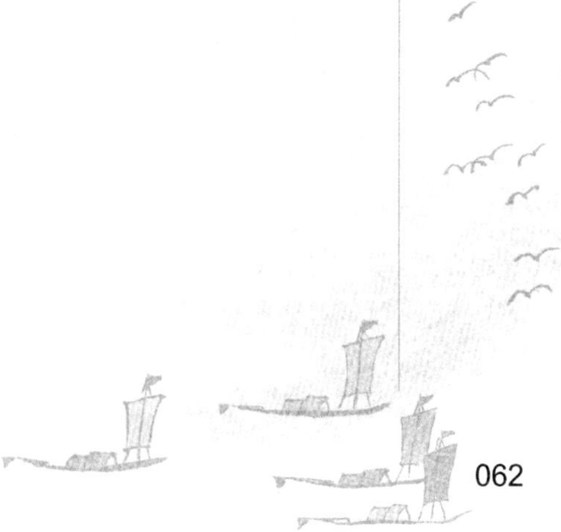

佛父啊請您傾聽我們最虔誠的祈禱
我們最弱的時候請您庇佑
開心的時候也同時顯現
指導我們修道
無緣大慈的加持我們
我們常淪苦海時請您永住我們心中
嗡阿吽。古魯貝。阿訶薩沙媽哈。蓮生悉地。吽。

此祈禱文由弟子 Shay 于二〇二四年農曆五月十八日撰寫，作為供養一切眾生，並慶祝真佛宗傳承根本上師蓮生活佛八十壽辰。由真佛宗丹增嘉措仁波切翻譯成中文。

敬師重法實修

二〇一五年十月

（原文）

Om Ah Hum!
Emaho! Praise to the Red Vajra Crown Buddha,
Radiant Lotus Youth adorned in white,
Beloved Holy Guru Liansheng,
Whose heart unfolds the most compassionate teachings.

Descend swiftly from the blissful Twin Lotus Pond Realm,
Echoing Om Guru Lian Sheng Siddhi Hum,
Your bright light dispels darkness from our hearts,
Guiding eternally towards pure realization.

Praise to Guru Buddha Lian Sheng,
Lighthouse in the stormy seas of suffering,
Warmth amidst the coldest of nights,
Buddha Father,hear our earnest prayers,
Protect us in our weakest hour,
Appear in moments of joy,
Guide our spiritual journey,

Bless us with boundless, undiscriminating compassion,

Forever reside within our hearts throughout our journey in the lower realms.

Om Ah Hum Guru Bei Ah Ha Sa Samaha Lian Sheng Siddhi Hum.

This prayer was composed as an offering to sentient beings on the 18th Day of the Fifth Month 2024 by the disciple Shay to celebrate the 80th birthday of His Holiness Living Buddha Lian-sheng, lineage root Guru of "True Buddha School. Translated in Chinese by Tenzin Gyatso Rinpoche of "True Buddha School.

作者：「SHAY」（「寫」的第四聲）。是一位英國人。

譯者：丹增嘉措仁波切。

這首偈很清楚明白，唸誦很白話，也很容易打動人的心。

密教弟子要謹記，是誰給予教誨，是誰傳道、授業、解惑。

傳承是至要的，法流來自於「傳承」。

蓮華生大士說：「敬師、重法、實修者，得之」。

千萬不可入「頑空」

我（盧師尊）警告大眾：

「千萬不可入頑空。」

我看到有些修行人，修到最後，只剩下一句話：「這一切皆空。」

又是：「完全失去感覺」的心理狀態。

如同：

「死屍」。

如同一個人死了，什麼也沒有了，進入「沒有念頭」的境地。

「一切全部失去記憶！」上無佛可成，下無眾生可度。

有一個故事，我述之如下：

舍利弗在森林的最深處禪定。

維摩詰大士出現。

維摩詰問：

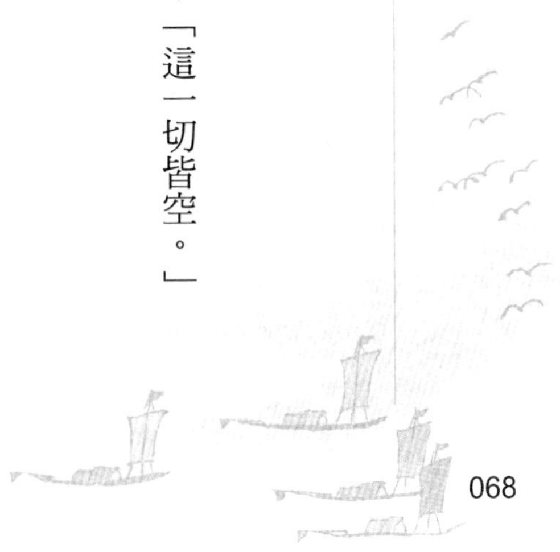

「你在這裡做什麼？」

舍利弗答：

「禪定。」

維摩詰問：

「對眾生有何利益？」

舍利弗啞口無言。

維摩詰大士說：

「舍利弗，你何必如此，你要知道，真正的禪定是隨遇而安的，他們行者無論在何處都十分的泰然，不被諸法束縛，隨時隨地無不解脫自在。」

又說：

「像你在森林深山枯坐，不能現諸威儀做利益眾生事業。與現實生活脫節，和人群完全無關，不能互助，離群索居，就是偷生。」

維摩詰大士的這二段話很清楚明白：

一、所謂禪定，就是任何環境，隨時隨地，一心不亂，處之泰然。

二、無法利益眾生，等於「偷生」，這一世白活了，毫無意義。

據我所知：

有人修行，修到：

師父也不要了，師父也是「空」。

本尊也不要了，本尊也是「空」。

利益眾生也不要了，眾生是「空」。

一切是「空」、「空」、「空」。

修法「空」。

生活「空」。

同修「空」。

於是，什麼都不做，做也是「空」，如行屍走肉，如失智老人，如躺著的僵屍，形成了「廢人」一般。

他說：

「這就是開悟！」

有聖者言：

「這種開悟，是完全停止感官及念頭，如同躺在病榻上的失智暈迷無知的人，這不是開悟，而是『究竟的愚痴』。」

我覺得：

「究竟的愚痴」這五個字，用的最恰當。

這就是「頑空」。

也有人說：

「用鐵棒把一個人，打到暈死過去，這就是念頭及感官一切都寂滅了。這個人就是開悟了！這是非常可笑的一件事。」

完全失去感覺的愚痴，這是毫無作用的頑空。

哈哈哈，大笑三聲！

「雙運」就是修法

有些行者，認為應該停止「見聞覺知」，如果覺知沒有了，那就是「成就」。

但，

事實上不是這樣的。

我認為是「全然的覺知」，以五種感官，去檢視自己和一切事物。

認知：

一切都不是實相。

海市蜃樓。

倒影。

彩虹。

夢幻泡影。

…………。

如此才能破除「煩惱」與「執著」，此時此刻才叫做成就。

所以，「覺知」與「智慧」要雙運，才是真正的法。這才是修行。

什麼是凡夫俗子？

凡夫俗子執著於一切，固執著一切，所以煩惱重重，解脫不了輪迴。

當一個修行人，利用「覺知」，去認識本然的狀態時，行者知道「自性」，如此才能達到真實的覺醒，真正的解脫。

所以：

色即是空，空即是色，色不異空，空不異色。

這是「色空」雙運。

其他：

「智悲雙運」。

「有無雙運」。

「佛魔雙運」。（佛魔一如）

「動靜雙運」。

這一切一切，全是「雙運」。

這也是《維摩詰經》中所說的「不二法門」。

「我與我所」不二。
「垢淨」不二。
「善惡」不二。
「罪福」不二。
「生死」不二。
「我無」不二。
「明暗」不二。
…………。

我借用「雙運」修成「明點無漏法」，這是我個人的經驗，我是實修者，終於印證了，非常重要的「明點無漏」。

我將修法扼要的說明如下：

我必須將自己的「慾念」升起，因為「慾念」可以產生「慾火」及「明點水」下降。

此時，

「明點水」將泄出時的一剎那，這個時刻是最緊要的關鍵時刻。

要點是：

提肛及脊骨挺直。

「下行氣」把「明點」鎖住，往上推。

在念頭上。

不再住「慾念」，而是「轉化」成虛空中的「清淨本尊」。

此時立刻轉移到本尊「清淨」的身相。

「慾念」消失。

「清淨」出現。

如此即可阻止「明點水」的排出。

這只是一剎那，「慾念」轉化「清淨」，這是最重要的。

然後，

用舌頭抵上顎。（搭橋）

讓「玉泉」（唾液）流滿整個口，再嚥下入心田。

以上行氣送「玉泉」至心際。

以下行氣送「明點」至心際。

二者與「拙火」會合，可以打開「心輪」的光明。
接著，
再升起「慾念」。
等候關鍵時刻一到。
立刻「慾念」關閉，又轉化成「清淨」。
如此即是：
「慾淨不二」的「雙運」。
如此，「慾念」與「清淨」的循環，直到「明點」完全無漏。
這就是「明點無漏法」的精要。
我要告訴大家：
「薩迦六勢變」很重要。
「提」很重要。（提肛）
「持」很重要。（持氣）
「要漏」變「不漏」的時刻很重要。
（由慾轉化淨的功夫）

「上行氣」很重要。

「下行氣」很重要。

「脈直」很重要。（脊骨直）

我（盧師尊）整整修了五年，才算完全點滴不漏。

蓮華生大士說：

「這是毒蛇口中取珠。」

事實上，修成是不容易，萬人中不得其一。

但，我確確實實成就了！

「真空」「妙有」雙運

頂禮師尊：

嗡古魯蓮生悉地吽。再三頂禮。

二〇〇八年八月九日，師尊講《六祖壇經》，曾向眾弟子說：「請回答《金剛經》中的義諦在哪裡？」「如果知道它的涵義，你偷偷來跟師尊講，我就給你印可。」

愚弟子乃試簡答經中義諦如下：

千百年來，持誦《金剛經》者，無數；但，懂其真實義諦者，甚少！懂的人說這經講「空性」。當然，有其他說法者亦甚多矣。

弟子不會說講空性者不對！但，真這麼簡單嗎？

「一切賢聖，皆以無為法而有差別」。悟入空性者，有羅漢，有緣覺，有菩薩，有佛陀！此中當然以佛陀所證悟最為圓滿。何以故？佛陀所悟最圓滿者，乃因祂絕不只說「真空」而避談「妙有」。

小乘羅漢聖者，禪宗祖師多斥為「擔板漢」。祇因祂只見真空（無我、無人、無眾生、無壽者）而不見「妙有」；只見這一邊，而不見另一邊。但相對於凡夫只一味虛妄執有，已屬超勝矣！

《金剛經》乃如來「為發大乘者說，為發最上乘者說」！說什麼呢？弟子認為是佛陀開演「真空妙有」，欲令小乘聖者（只住空性）更邁進一大步（迴小向大，知真空不空，妙有非有）！此所以令須菩提涕淚悲泣不已！

既提出經中如五雷轟頂，極震撼一句。經曰：「發阿耨多羅三藐三菩提心者，於法不說斷滅相」（〈無斷無滅分第二十七〉）。「發」無上正等正覺之心的「發」字，意指「發現」，與「已開悟／悟入」同一義。非普通所指的因地發心（發菩提心）。

已開大悟者，「必行六度四攝，廣興佛事，饒益眾生，於諸法必不肯說斷滅相」；「真空不空，乃即空以明有也。是知有不住有，方名妙有；悟空不滯空，始稱真空」；「既超空有，復離斷常，乃真中道」（諦閑法師語）。

誠然，經曰：「應無所住而生其心」，已是點睛之句。但弟子認為「發阿耨多羅三藐三菩提心者，於法不說斷滅相」更為形象具體，直有令「金龍」脫畫而出，飛奔九天之勢！

弟子拙於國語，未能偷偷向師尊當面講說。惟有藉此粗陋文筆，向師尊稟告閱經的感悟。祈求吾師點撥一二。

嘮嘮叨叨一大堆遮眼文字，也畢竟是「頻呼小玉原無事，只要檀郎認得聲」罷了！

香港弟子蓮藥頂禮

在「真空」「妙有」雙運之下，有詞為證：

我（盧師尊）最喜歡的如下：

其一：

悟了莫求寂滅

隨緣只接群迷

尋常邪見及提攜

方便指歸實際
五眼三身四智
六度萬行修齊
圓光一顆好摩尼
利物兼能自利

其二：

我見時人說性
只誇口急酬機
及逢境界轉痴迷
又與愚人何異
說得便須行得
方名言行無虧
能將慧劍斬魔魑
此號如來正智

其三：

德行修逾八百
陰功積滿三千
均齊物我與親冤
始合金仙本願
虎兕刀兵不害
無常火宅難牽
可至天外之天
穩駕鸞車鳳輦

這三首詞，我很喜歡，這是「真空」「妙有」雙運。特別再列出，大家共享。

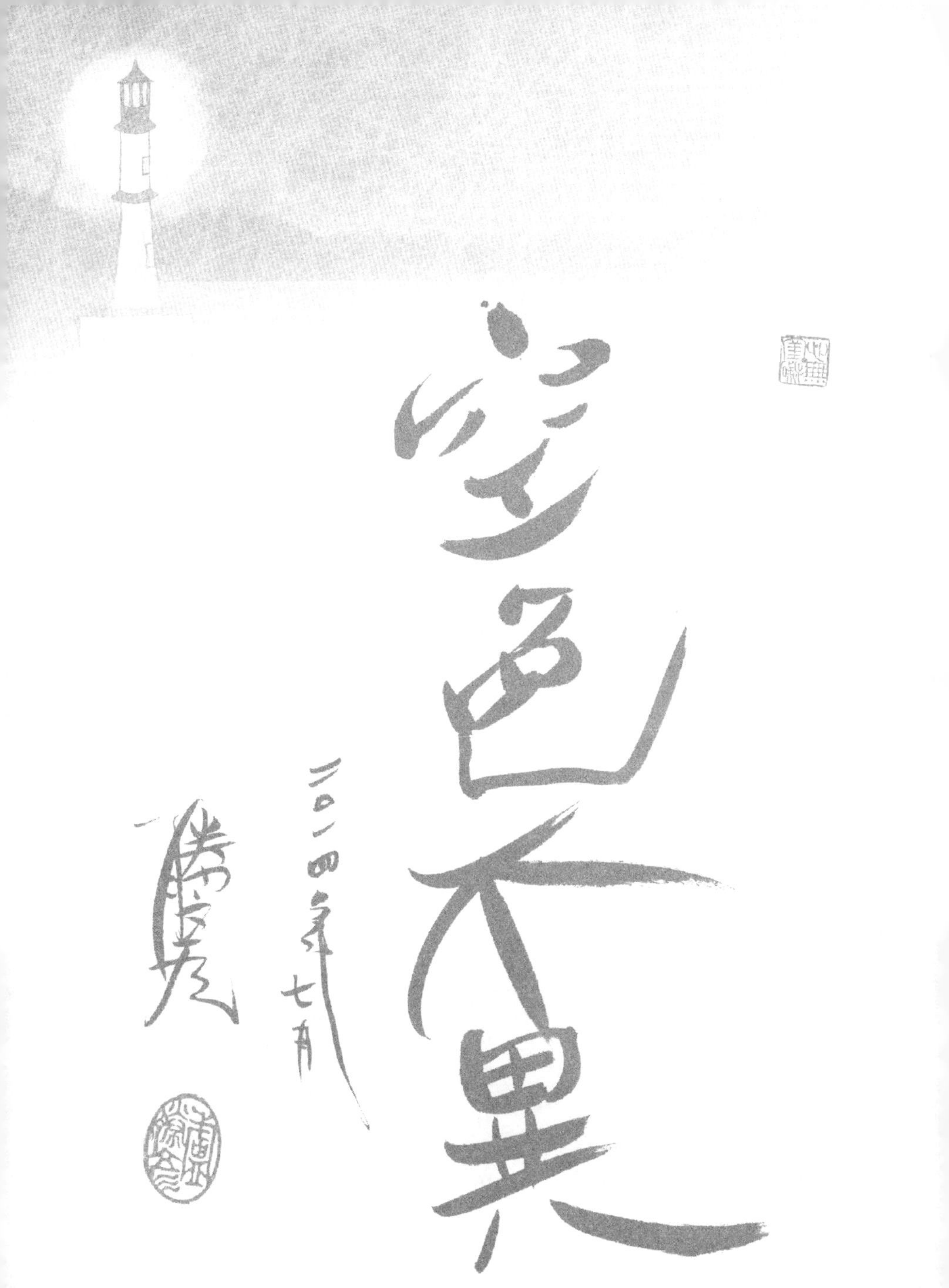
空色不異
二〇一四年七月

我對「五戒」的心得

「修行」就是修正自己的行為。

有「外在的規範」，佛教教我們要守「五戒」，由這「五戒」開展出更多的「戒律」。

一、**不殺生**。

這是不殺害眾生，不只是人，是一切的生物。空中飛的、地上爬的、水裡游的。

要做到：

不害、不傷害、不殺生、非暴力。

言語、行為、思想，均不可以。

只要讓眾生痛苦的均不可以。

弟子中有人做飲食業，這怎麼辦？

我的回答是：

能不做就不做。

但，為了生計，不能不做，怎辦？

我只能回答：

弟子啊！你要學會「往生咒」，一一幫「生物」唸「往生咒」。

會「超度法」更好。

不然報名盧師尊的「超度法會」，我有「千艘法船」的超度法。

我對於「不殺生」有很多的心得，我自己連「細菌」也超度。

我修「千艘法船」超度，至今，沒有一日中止。

這是怨親不分的平等無分別的超度。

（想一想，太陽普照大地，豈有什麼分別）

二、**不邪淫**：

淨行、梵行、清淨行。

其實正淫也是淫。其重點在於「心不離道」，這句話最重要。

我說過：

視長者為父母。

視年齡相若者為兄弟姐妹。

視年幼者為子女。

（這是轉化的工夫）

這會使行者的慾望熄滅，平時要讀聖賢的書。

聖賢書如清涼的水，可以令德業增長，降低慾念。

此是道德修養。

另，

有人問我：「維摩詰居士，妻妾甚多，而且他不避淫舍（青樓），這樣可以嗎？」

我說：

「維摩詰居士，是金粟如來的轉化，一句話『心不離道』，他的定力足夠，不起淫慾之心，任何地方都可以去！他亦能令淫女，發菩提心。」

（維摩詰居士，隨時隨地是清淨行，故可行也）

又，

「密教雙身法，是不是犯戒？」

我答：

「密教雙身法，外觀是犯淫戒，但，行者以清淨心來修此法，心不離道。

這是身清淨、口清淨、意清淨。」

我說：

「雙身法，外觀是淫，但行者的心在道。男女雙方皆是本尊。修行氣、修行通脈、修行明點升降，明點不泄漏。這是降明點，提明點，持明點，散明點。意念是在修法，而不是男女行淫，心不離道，不算是犯戒。」

但，這個法，不是一般人可以做得到的，做不到，就是「犯戒」。

做到「心不離道」是無上道（密）的大成就者，世上無幾人！

蓮華生大士、維摩詰居士，都是大成就者，非同小可。

通氣。

通脈。

通明點。

身化虹光，大樂、光明、空性，由此而證得的。
若有偏差，則下「金剛地獄」。
萬惡淫為首，慎之！慎之！
三、**不偷盜：**
不偷盜、不偷竊、不起偷盜之念。
只要不是自己的東西，不可起心動念的偷盜，這是絕對禁止的。
不只是財物。
偷人。
偷書。
偷動植物。
偷論文。
偷針。
偷技術。
林林總總………。
（己所不欲，勿施於人）
仿冒是偷盜。仿冒品均是，甚至做假藥，更是大錯特錯！

有人問：

「考試作弊也算嗎？」

我答：

「當然。」

有人問：

「借錢不還也是嗎？」

我答：

「當然。」

有人問：

「佔一點小便宜也是嗎？」

我答：

「當然。」

有人問：

「偷斤減兩也是嗎？」

我答：

「當然。」

四、不妄語：

不妄語包含甚廣，不講假話，不講八卦，不講空話，不講傷他人的話，不說東說西，不挑撥離間，不罵髒話，不講閒扯的話。

不誑語。

不兩舌。

不惡口。

我們講：「真實語」、「真諦語」、「佛心語」、「真誠語」、「愛柔語」、「關心語」、「安慰語」、「善良語」。

我告訴大家：

「犯口業者眾」。為什麼會這樣？因為大家早已忘了「口業」的重要性。一般人全是隨口說說，而且成為習慣。

現在不只是口說而已！

電視。

電台。

網路。

新聞。

出口就是「是非」。而且「話無好話」，大眾傳媒，興風作浪，波濤洶湧。
「誹謗」要不得。
語言、文字、傳媒，都是口業。
我們「度化眾生」要用「四攝法」：
（一）佈施。
（二）愛語。
（三）同事。
（四）利行。
其中的「愛語」太重要了！
有人問我：
「以善心出發，而說了相反的話，不是真實語，算犯戒嗎？」
例如：
父親對小小孩說：
「媽媽出去旅行，要很久很久才能回來，你要乖乖的，等媽媽回來！」
（其實媽媽病亡）

這算犯戒嗎？
我答：
「不犯！」
又，
醫師對病患說：
「你的病，是會好的。」（這是安慰語）
其實是不會好。
而病人死了！算犯戒嗎？
我答：
「這要看情況而定，如果是安病人的心，不犯戒！如果是假話（誤診），是犯戒的。」
以對方的福祉為出發點的，不算是犯戒！
五、不飲酒戒：
有人說：「不飲酒戒是輕戒！」
我說：「不一定。」

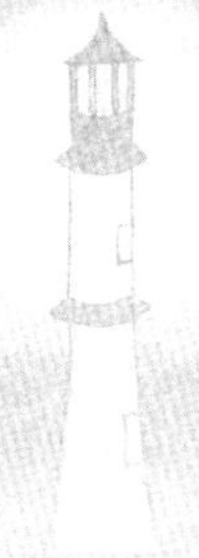

因為「酒後亂性」的行為，所造出來的業，是極其恐怖的。

現在飲酒戒，包括吸食毒品，其罪行是滔天巨禍。

醉酒時，已為酒所役使，失去了理智，會造成種種的罪。

大凡說來：

淺嚐，可。

吃藥用酒引，可。

酒入菜中，迫出香氣，可。

互敬淺沾，可。

如果超出酒量的，不可。

例如酒駕，喝酒超出酒量，根本就是不可以的。

至於毒品，算是重罪。

（以毒品為藥的，不算在內）

有人問：

「抽香煙呢？」

我答：

「有害無益，不利自己，也危害他人。」

除了守「五戒」之外，行者在「內在的規範」要做到：

清淨身、口、意，內在清淨及外在清淨。

知足不貪，知足歡喜，知足常樂，守自己的本份。

要修法、苦行、利他行（身心供養，利益眾生）。

要知曉正法，讀經、寫經、明經、誦經，深入經藏。

心在本尊，心在上師，心在護法，心在三根本，心在至上。

行無緣大慈，同體大悲。

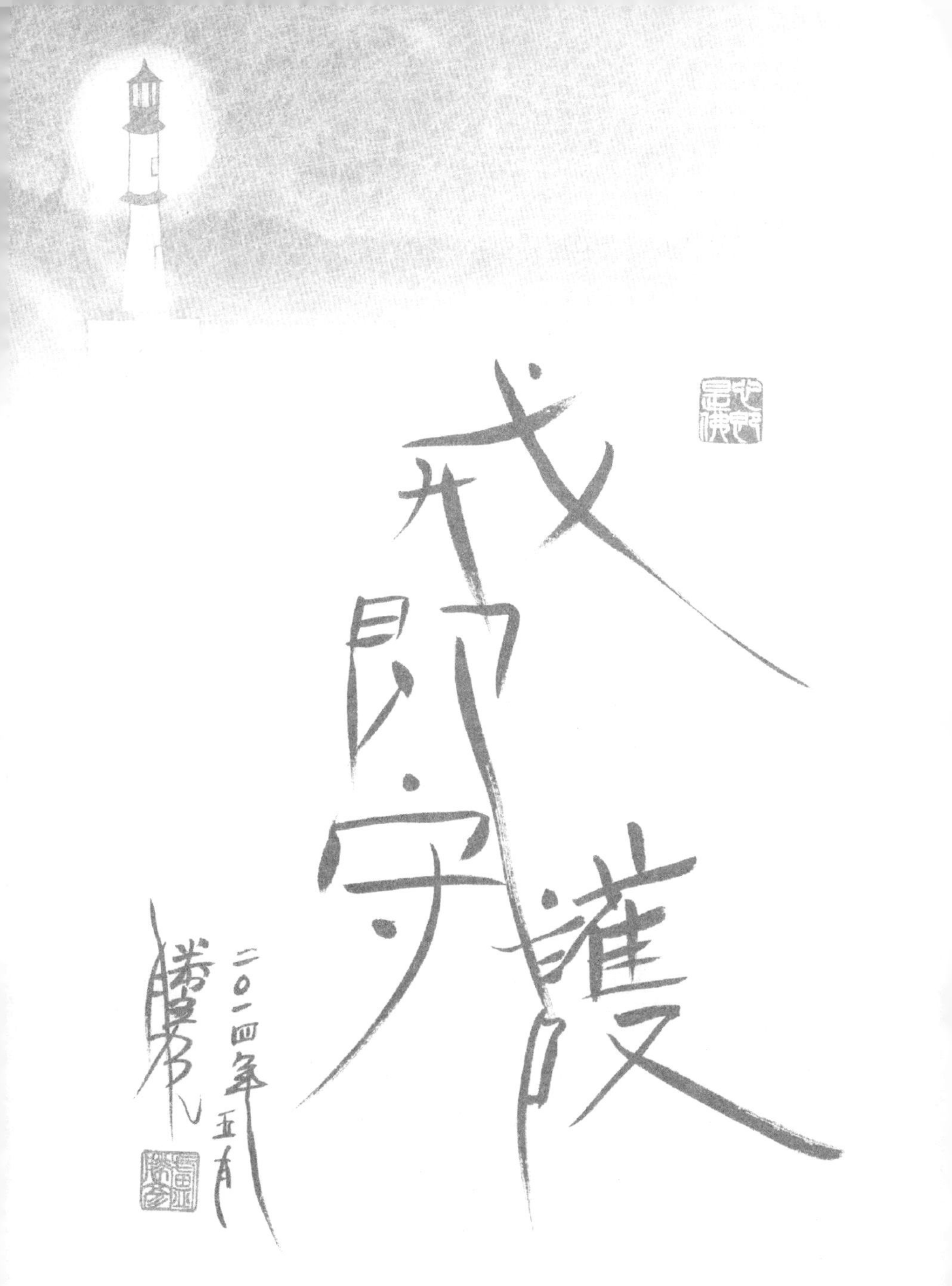
戒即守護
二〇二四年五月

「佈施」的要義主題（二封報告）

頂禮根本傳承上師　聖尊南摩蓮生佛（三頂禮）

真佛弟子　吐登卡瑪　以身口意供養師佛，頂戴師佛傳承的恩典。

弟子這段時間在尼泊爾及新加坡為慶祝師佛八十聖誕進行了一系列的布施慈善活動及法務活動，今以此信件向師佛做個彙報。

尼泊爾在二〇二四年六月份開始新學年，我便策劃了幫助偏遠山區的弱勢學生的文具及書包的布施，讓他們不會因為沒有書包文具而無法上學。並且在作業簿及書包上都印上真佛宗的徽章，讓尼泊爾多個地方都能夠認識宗派。我也在多個孤兒院及殘障人士收容所進行了布施，希望將師佛對眾生的關懷及光明傳遞出去。

此次也在薩迦證空上師的祖廟（塔蘭寺）及卡瑪列切寺進行了白米及學僧的文具布施。也知曉了這兩間寺廟由於新冠疫情後，寺廟資金有限，已經到了拮据的地步。我將在十月份再次前往這兩間寺廟進行布施，

希望能夠幫助他們度過難關。

我也對卡瑪列切寺的新任主持　堪布噶尼介紹了師佛及真佛宗傳承，澄清了許多他們對真佛宗的誤解，他也深信師佛是一位偉大的密宗成就者，在利益廣大的眾生。堪布也代表卡瑪列切寺向師佛供養了一尊供奉在壇城上的白度母及一條白色的哈達以及一封代表卡瑪列切寺的祝壽函，祈願師佛長壽駐世，菩提事業興盛。

我也前往了十六世大寶法王開光的雪巴族巴拉卡人的寺廟進行了開示及結緣，向他們宣說了師佛的救度事跡及介紹了我們的傳承。希望假以時日，都能夠度他們皈依師佛。

我也與獅子會合作，在兩個盲人收留所將貧困盲人的壞舊手杖換新，讓他們有一個安全的指路工具。

在做這些布施捐贈活動時，我都時時刻刻憶念師佛所教導的四攝法。以布施救濟所需之眾生，以愛語令眾生信受佛法，以利行幫助眾生增上，以同事潛移默化的將佛法正念教導眾生。一切的布施捐贈都是為了他人，我無需任何世間的名或利，因為當看到眾生歡喜得到安樂因，我也一切足夠了。

我應雷藏寺（新加坡）及馬來西亞柔佛敬行堂之邀，舉辦了佛學講座及四加行課程。我在課程中一直的強調，一切的法教，一切的成就都來自於根本上師蓮生活佛，我只是整理了，與大家分享。我覺得身為弘法人員，責任是要啓發眾生解脫的正念，從而將他們帶入修行的殿堂，讓他們有自覺的精進，進而解脫。

我也深深的精進實踐對師佛的身口意供養。

以身如法的遵循實修師佛的法教　供養師佛

以口宣揚真佛密法利益一切眾生　供養師佛

以意常念師佛及利益眾生的事情　供養師佛

這段時間，我兢兢業業的實踐自己的菩提願，願盡自己的一份綿力，讓有緣的眾生都能夠得到安樂，遠離苦難。

弟子明白一切都是幻化的遊戲，所有的人事物亦如是。就是因為明白了，所以便能夠心無旁騖的做，不為任何的名利而做。因為，做利益眾生的事與悟道原來是沒有分別的。

師佛對弟子的恩典絕對不是我用語言文字能夠表達的。

弟子也只能用有限的生命供養師佛及眾生。

祝願師佛　佛體安康　蓮足永駐　恆轉法輪　光明吉祥

弟子吐登卡瑪百拜頂禮

（註：吐登卡瑪是盧師尊認定的仁波切之一，其為蓮師二十五位成就弟子之一的轉世。今囑咐他在尼泊爾佈施行善，這是他自己的成果報告。）

盧勝彥佈施基金會報告

文／佛青

師尊、師母、在座的各位貴賓、上師、教授師、法師、以及各級弘法人員、還有網路上的同門，大家好！在此祝福大家得到『多傑佐烈（蓮師憤怒尊）』的灌頂後，都能消除業障，增加福慧，法喜充滿，修行成就一切吉祥！

『盧勝彥佈施基金會』感謝全世界真佛宗團體慈悲的發心。因為有大家的支持：

(1)本地的難民可以獲得緊急住宿和衛生用品；
(2)新移民和貧困的學生能夠上大學；以及
(3)無數的人們能收到優質的醫療照顧和教育機會。

有關基金會的更多訊息，請查看年度報告，或基金會的網站和臉書。

再次深深的感謝大家的支持，感謝您們堅定的信念，才獲得醫療保健和教育的基本人權，並加入我們的慈善事業，讓社會、種族和經濟正義落實，完成更多利益眾生的善舉！

Greetings honored guests!It's wonderful to see everyone today. On behalf of the Foundation's grant recipients, I bow in gratitude and thank you all for your continued support of SYL Foundation. Because of your support:

1)Newly arrived refugees have access to emergency housing and hygiene kits；

2)Immigrant students are attending college；and

3)Folks are receiving quality health care and educational opportunities.

For more on the Foundation's work, please check out the annual report, and visit our website or Facebook page. Thank you again for your support, and for your unwavering belief that access to health care and education are basic human rights – and joining us on this journey to make social, racial, and economic justice a reality for all!

最後，我謹代表基金會感謝真佛宗「盧勝彥佈施基金會」創辦人蓮生活佛師尊慈悲與智慧教導，使基金會順利行善佈施，普度眾生。在此祝師尊：健康長壽，永遠年輕充滿活力，金剛不壞身！真佛密法一級棒！

嗡嘛呢唄咪吽！

以上二篇報導，並非全部，那只是簡介而已。我們還有「急難救助」，隨時隨地，哪裡有大災難，我們就在那裡。

另外，

我們也跟大醫院合作，有貧困的病人，無錢付醫藥費，他們可以向「盧勝彥佈施基金會」申請輔助。

我（盧師尊）說：

我們佈施的精神，來自於：

四正勤：

未生善念令生起。

已生善念令增長。

已生惡念令斷滅。

未生惡念令不生。

「止惡行善」是我們的精進努力。

我們曉得：

「一體同觀」。

人飢己飢。

人溺己溺。

為他人想，不為自己想，先天下憂而憂，後天下樂而樂。

（這是菩薩精神）

我們修行「十善」法，走在正確的道路上，記得：

發菩提心。

發大悲心。

發長遠心。

竭盡所能的去幫助眾生。

不是為自己的功德而行「佈施」，而是把一切功德迴向一切有情眾生。

我們只是任運隨順！

修行須依序漸進

佛陀的偈：
正如同階梯一樣的
你應該按部就班的一步一步向上
精進的修持正法
你要循序漸進地到達最高點
記住
不可跳級

正如一個初生的嬰兒
逐漸地發展他的身體與力量
佛陀的正法正是如此
從皈依開始
發菩提心開始

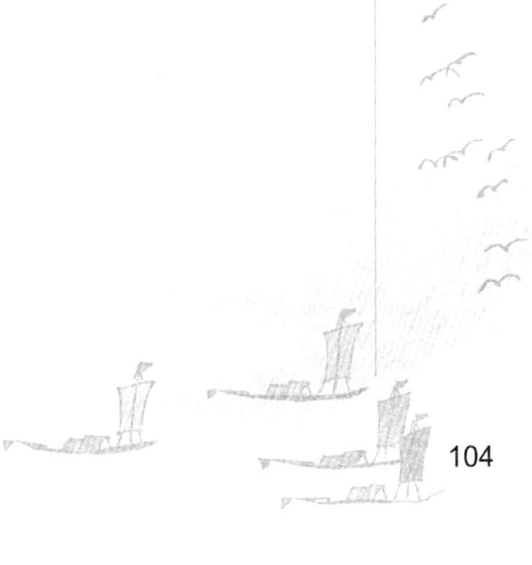

從初階到圓滿正覺

記住

從小到大

一般密教的次第：

四加行。

上師相應。

本尊相應。

修氣。

修脈。

修明點拙火。

修金剛法。

修無上密。

紅教寧瑪派把次第分成九乘次。即是聲聞、緣覺、菩薩、事部、行部、瑜伽部、瑪哈瑜伽、阿奴瑜伽、阿底瑜伽，這是大圓滿的教授。

我個人覺得，人是有根器之分：

上等根器、中等根器、下等根器。

所謂的根器，是指：

信力——信仰的力量。（不退心）

進力——精進的力量。（不懈怠）

念力——想念的力量。（不妄念）

定力——正定的力量。（不散亂）

慧力——智慧的力量。（不愚昧）

雖然有這些力量，但，仍然不能「跳級」，因為有了這「五力」，你的進步會比其他人快，也就是相應迅速。（這「五力」我在前文中已提及）

有這「五力」的人，很迅速的超越一般根器的人，比較快。

而一般的人比較慢。

也就是進入「證道」快慢而已。

以前我問上師：

「我的根器如何？」

上師答：

「一般。」

我（盧師尊）覺得很沮喪。

但，

我的上師告訴我：

「你幸好有宿命！」

我問：

「什麼宿命？」

上師告訴我：

「救度眾生的宿命。」

我問：

「這個有什麼好？」

我的上師告訴我：

「因為你有使命，所以所有的『本尊』連『至上』都會加持你，你就得到諸尊的力量，這種力量，令你迅速達到圓滿的境界。」

不二法門

我最近講《維摩詰經》，講到「不二法門」，突然想起一首偈：

不可思議！
這是空，這是無相，這是無作。
是真佛。
在剎那的剎那，
你即是正覺如來，
完完全全合一，
完完全全沒有分別，
從來沒有分離過，
這是：
法爾本然。
（佛性）

這首偈的意思是，當一切全部靜止之時，你住於自然之中，沒有要採納的，沒有要避免的，沒有要執取的，沒有檢視，沒有恐懼，沒有企望。…………

只是保持著覺醒。

這個覺醒是：

無所不在。

全然了悟。

是任運的。

是隨順的。

這個就是「本然的平常心」。

這個時候——

維摩詰大士不說一句話。

文殊師利菩薩了知維摩詰大士的「不二法門」。

那是：

太陽與陽光。

火與煙。

我與弟子們曾經議論到「什麼是福田最大？」

所有的弟子發表意見：

甲弟子說：

「看病福田最大，這是佛陀說的。」

佛陀確實說過：

看病福田第一。因為人生最苦是病苦，能去安慰病人，福田大。

乙弟子說：

「法施是第一，福田大。」

法施（法的佈施），大於其他的佈施，這是佛法的施予，當然「法施為上」。

丙弟子說：

「《金剛經》有言，於此經中，受持乃至四句偈等，為他人說，其福勝彼。」

丙弟子所說的，也等於是佛陀說的，也是「法施」的一種。

丁弟子說：

「也是《金剛經》言，於此章句，能生信心。…………是諸眾生得無量福

德。」

丁弟子再說：

「對《金剛經》，能生信心，福田最大！」

又有弟子說：

「佈施供養一『無為道人』，其福田最大。」

「佈施時，迴向一切眾生，不迴向給自己，其福田最大。」

「無相佈施最大！」

「所謂佈施，不作佈施想，因為不作佈施想，才是最大的佈施。其福田最大！」

諸弟子問我：

「福田最大是什麼？」

我答：「…………。」

附：祝壽函

（祝壽函譯文）

致：尊貴的真佛宗蓮生活佛

我們，卡瑪桑登寺（前卡瑪列切寺）在這個吉祥的日子祝願您有一個開心的八十大壽。我們也誠摯的感謝您對寺廟與僧人給予的慷慨「佈施」。

你的出現證明了在這末法時期，佛陀法教也能夠弘揚與興旺。您的駐世不單單是風中的燭火，是帶領眾生的火炬。

願您為眾生，常駐世間。願長壽，菩提成就。

堪布喇嘛噶尼・卡瑪桑登寺

KARMA SAMTEN LING MONASTERY

Nagarjun-5, Chokdol, Swoyambhu, Kathmandu, Nepal, Tel: 9818 340003

To: H.H. Living Buddha Lian Sheng of True Buddha School

We, Karma Samtenling Monastery sincerely wish you a happy 80th birthday on this auspicious occasion. And we sincerely thank you for the generous support you had provided for the monastery and monks.

Your precious presence is proof that even in this degenerate time the sacred Buddha Dharma can prevail and flourish.

Your presence is not just a mere flame in the wind but the torch that lights the path to awakening.

Long may you remain with us, for the benefit of all sentient beings!
May your life be long and your Dharma activities prevail!

Yours sincerely,

Karma Samtenling Monastery

「煩惱」的本質是「空」

我在說法時，曾問信眾：

「在座各位！有誰沒有煩惱？」

法座下，人人茫然。

我再說：

「沒有煩惱的，請舉手！」

信眾無人舉手。每一個人，互相看來看去，事實上，眾生都有煩惱。

我對信眾說：

「我盧師尊一樣有煩惱，我一樣是一個人，一個八十歲的老人。我的身體，有時候也帶給我一些毛病，這些毛病，也令我困擾，這些都是煩惱。」

我對信眾說：

《佛地經》曰：「逼惱身心名苦。」

《大乘義章》曰：「逼惱名苦。」

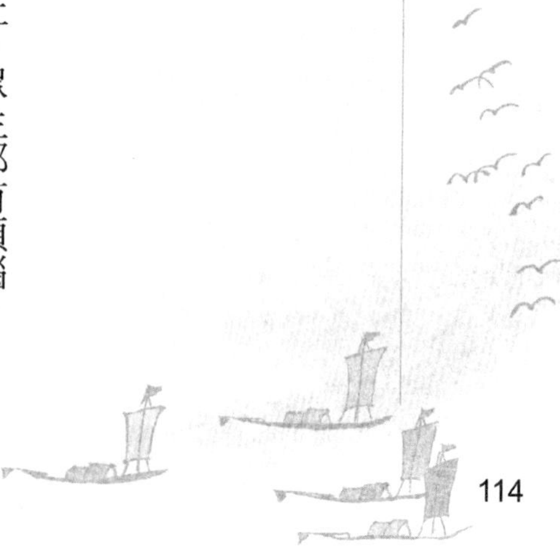

八萬四千種病，是身苦。

憂愁嫉妬等，是心苦。

惡賊虎狼之患，是外苦。

風雨寒熱水火，也是外苦。

刀兵戰爭死活，身心皆苦。

無常意外車禍，是煩惱苦。

…………。

另外，我們熟悉的，生、老、病、死、愛別離、怨憎會、求不得、五陰熾盛。這是人人知道的八苦。

釋迦牟尼佛說：

「人生即是苦！」

「人生是酬業！」

酬業那有不苦的？苦就是逼惱，就是煩惱。

這樣一來，大家都知道煩惱是什麼了。

我再說一個偈：
人生本是幻化！
幻化是空。
所以煩惱的本質是空。
這是轉化嗎？
其實也不用轉化，在本質上，原本就是一無所有。
緣起是有煩惱。
緣起也是真空。
真空沒有煩惱的。
故：
煩惱空，空煩惱，煩空惱。
哈！哈！哈！
這就是我（盧師尊）的口訣。
無我相。
無人相。

無眾生相。

無壽者相。

（這是理論上的解脫口訣）

在現實的世界，實際上的解脫並不容易。

弟子說：

「我明白，做不到！」

「要看破，看淡，做不到！」

「煩惱在前，如何面對？」

「負債的煩惱，逼在眼前，如何逃避，愁上加愁，憂上加憂！」

「久病纏身，苦不堪言，如何是沒有煩惱？」

蓮華生大士說：

當煩惱的念頭生起時；

切勿壓制或助長，

而要把煩惱釋放於本然覺性的空性之中。

不執著煩惱，

等煩惱消失了！

那是本初的覺醒。

也就是所有的煩惱都無法留存在自己的心中。

有人問我：

「盧師尊！你若病得很重，自知煩惱無解，你如何處之？」

我答：

「病是消業障，那是自己的業。選擇與病共存亡，也就是隨順病業，病若是不能治，只有共存，在病中，修行解脫，但，不被病苦所綁！」

我的隨順，不是鴕鳥，而是面對，消我自己的業。

有人問我：

「盧師尊！你若負債累累，要還也還不起，你怎麼辦？」

我答：

「欠債還錢，天經地義。不能不還，我選擇的仍然是隨順，我盡心盡力的還債，確實還不了，還不了是事實，我必須與欠債共存。我不逃避，想想這也

是業報，我直接內心覺醒，是自己業重，修消除業報之法吧！」

人問我：

「這也不能解脫煩惱啊！」

我答：

「我已盡力。但，我想想，一切都會過去的，追求心的解脫吧！」

也只能這樣了！（就算做乞丐，也要還債）

拾慧（拾穗）

今天，收到「解憂小公主」的信，在她的信中，有很多美麗又警世的金句，覺得非常可喜，所以隨手錄下，請大家共賞：

其一：

弘一大師說：

肉眼看世界——全是名利

天眼看世界——無盡輪迴

法眼看世界——全是因果

慧眼看世界——俱是心幻

佛眼看世界——滿是慈悲

我（盧師尊）說：

「弘一大師好有眼力」。

其二：

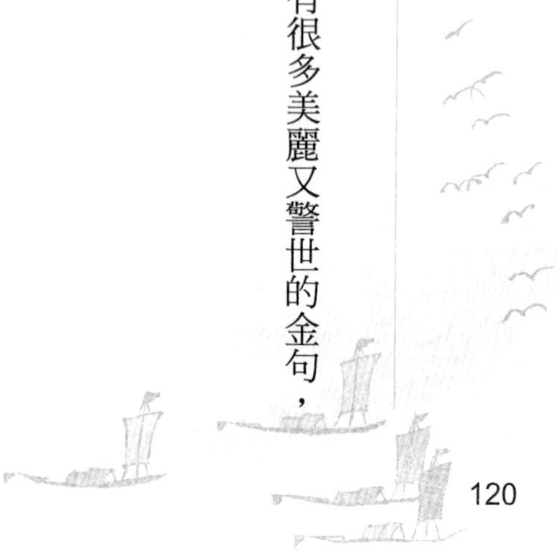

禪是：

柴米油鹽醬醋茶
歲月靜好度年華
平凡日子簡單過
心中有愛便是家

我（盧師尊）說：

「心中有光明，天天都是禪」

其三：

孤陰不生，孤陽不長，陰陽和合，源遠流長。我讓您心動，您讓我心安，我知您冷暖，您懂我悲歡。蓮花下，好運來，心之所向，皆能如願，行之所至，皆是坦途。

心有陽光冬不寒
眼有星河天地寬
願君沒有煩惱事
日子越過越心歡

我（盧師尊）說：

「妳給我祝福，我也同樣祝福妳，再祝福所有的眾生。」

其四：

浮生若夢逝流年，為歡幾何心自憐

朝霞晚照映山川，花開花落任自然

世事紛擾難預測，人生得失皆因緣

莫問前程多少事，只求此刻心安然

金樽酒盡留歡笑，玉盤佳肴散席前

知音難覓難共酌，月下風前獨自眠

浮生如夢終須醒，為歡幾何情難盡

願君珍惜每分秒，不負生生不遺憾

我（盧師尊）說：

「這詩是寫無常，有一點傷感。但願有知音，共同珍惜難得的時光。」

其五：

解憂小公主說：

遇見您的眉眼，如清風明月，似曾相識，是重逢亦是初見，見與不見，您都在我心上，雖然暫時不能一起生活，想起您，也是一種溫暖。一別千萬里，來時未有期，一月三十日，無夜不相思，小公主知道我們會團圓，會再相遇，相知、相惜、相隨、相依，法爾本然，合光同塵，願再相聚！

少年時，舉止得當。

青年時，學會自制。

中年時，行事正直。

老年時，良言善導。

臨終時，死而無憾。

我（盧師尊）說：

「自當珍惜、感恩。願天下有情人，終成眷屬。心心相同，回歸星河。」

其六：

小公主說：

心有多靜，福就有多深。

人心本無染，心靜自然清。

菩提樹並非真實。

明鏡台也是比喻。

本質上都是空無。

唯，

一段超越橫跨幾個世紀的情愛。

小公主終生不嫁。

願與君共老。

我盧師尊說：

相逢又相別，

恬如一夢須臾，

今日之喜相逢，

轉眼已成虛。
莫惜斗量珠玉，
隨他雪白髮鬚，
人間不久身難得，
只有天上宮闕，
才使長相聚。

其七：

解憂小公主的情書：

小公主心地很可愛，要做您（盧師尊）的小乖乖。

每天讓您親親、抱抱，開心的舉高高。您是小公主超級無敵了不起的盧師尊，我要在您懷裡，撫小公主的髮鬢。

您帶我去看藍天大海，快樂迎接美好的未來，您是我的寶，我一直為您驕傲，您的聲音，是我的依靠。

真心永恆，單純無華，生命的旋律，聽我輕輕唱，我唱的是愛的力量。

我已經打開窗，準備和您，迎接每天的太陽。
請聽我為您祈禱。
請聽我說的細語。
請聽我的心跳。
然後，
我小公主要聽您的呼吸。以及您手指震動的微妙。
我（盧師尊）說：
心心念念憶相逢，別恨誰濃？
就中之處有難事，我須度眾，只恐時光匆匆。
欲似桃源忽不見，只剩落花空憶前蹤。
桃花紅。
李花白。
須知實際恐難通。
小公主二八佳人。
我是八旬老翁。

到醒時，

愁悶更重，

若是初心永不改，摩訶雙蓮喜相逢。

我（盧師尊）欣賞小公主的一首詩：

白雲飄在藍天裏
我在凡間遇見您
您的帥俊實難比
心中對您更摯迷
我是多麼的愛您
公主決心找到您
您也記得來找我
接我回到雙蓮池

（註：這個夢，還有多久？看起來很迷離，但，也是事實）

「解憂小公主」的思想

解憂小公主的來信，非常長，長到可以編成一本小冊子。

她有才慧，有思想，值得一讀，我將其節錄出，大家共享！

一、讓人三尺，渡己一生。世間所有的福報，來自日積月累的善良與慈悲，但行好事，莫問前程。

二、草木有心，人間有情。不要讓自己沾在浪花上，不住不執著，心如明鏡，過了就過了，照見一切，事來就應，事過不留。

（盧師尊說：這二段，為人處世當學習，是有禪機，是行者隨份的事）

三、業——在獨善中消。

福——在利益他人中得。

四、修行非出家，善人開德花。

皮囊暫時用，靈魂披袈裟。

（盧師尊說：人生即酬業，我們的菩提事業，即是在消業。修行人在家或

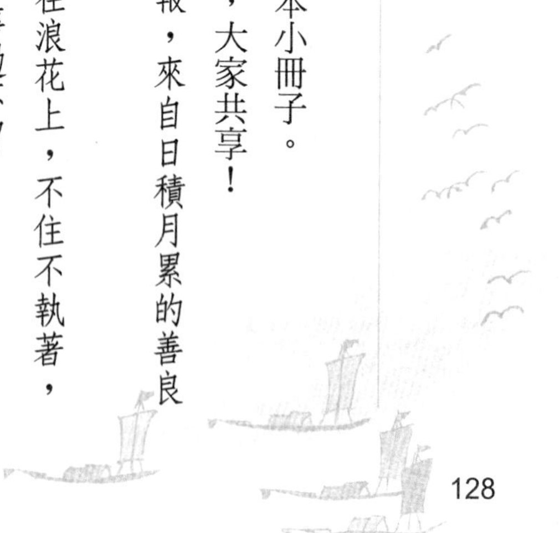

出家均可，唯出家才能專心些，少些牽掛，出家的重點是心出家。）

五、生活的最佳狀態就是安安靜靜，一切平平清清，更要能獨處。

（盧師尊說：這就是身心都出家了！）

六、

心能轉境即如來。

春暖山花處處開。

一念。

一悟。

一念一世界。

一悟一淨土。

（盧師尊說：一花一世界，一葉一如來。華嚴淨土，正是如是）

七、助人叫富。

敬人叫貴。

一吸就提，息息歸臍。一呼就咽，水火相見。

（盧師尊說，前者就是修行，後者是修氣脈明點。）

八、消除煩惱的三大錦囊妙計：
覺察。
轉化。
放下。
（盧師尊說：很多聖哲說，要看破、放下、自在。而看破就是覺察了，轉化就是放下的過程，自自然然自在就出現了）
九、讀萬卷書不如行萬里路。
行萬里路不如閱人無數。
閱人無數不如明師指路。
（盧師尊說：有理。）
十、不抱怨、尊敬他人、主動付出、有感恩心、謙卑、不斷提昇、不傷害眾生。
…………。
這些就是修行。
（盧師尊說：修行人以為每天「打坐」、「唸經」、「修法」，才是修行。

解憂小公主說的對，要加上處世為人，這才是完整的修持法，偏向那一邊都不對）

十一、三生有幸：

生活——活得內心平和、幸福、喜悅。

生意——做事要有意義，利益眾生。

生命——修行提昇，證明正等正覺。

（盧師尊說：三生有幸很有意思，如果不如此。我們活著與牛羊有何分別？大家想一想，人類與一般動物，均有佛性，唯有人類才能修行）

十二、內心不缺為富。水牛下水，水沒水牛腰，開口便笑。笑古笑今，凡事付之一笑，大度能容，容天容地，容古容今，與己何所不容？

（盧師尊說：請讀我的書：《大笑三聲》。彌勒菩薩「大肚和尚」，面露笑容，笑盡天下可笑之事，笑盡天下可笑之人。）

十三、什麼是佈施？

眼施——充滿善意對眾生。

顏施——美好微笑給眾生。

言施——鼓勵、安慰、讚美。
身施——去行善，幫助他人。
心施——寬容的愛心，溫暖、慈悲、寬容。
做施——禮讓老、弱、婦、孺。
讚施——隨時隨地讚揚他人。
（盧師尊說：佈施有財施、法施、無畏施。
財施——以財力去幫助眾生。
法施——以佛法佈施眾生。
無畏施——怨親平等的施捨。
而「解憂小公主」的種種施捨，更加的詳細。
善哉！）
十四：
大道無為心亦空。
不著執念氣相融。
清淨忘我得自在。
逍遙脫俗妙無窮。

（盧師尊說：
大道即本然。
原來是尋常。
平常心之下。
都是正覺場。）

「出家」的重要性？

我記得：

我剛受到「瑤池金母」的啟蒙時，那時才二十六歲。

嘰哦（青衣婦人）告訴家母：

「勝彥，有佛骨。」

家母問：

「佛骨，那是不是要出家？」

家母很驚恐：

「那勝彥不能結婚了？」

嘰哦笑了一笑：

「勝彥出不出家，結婚不結婚，那真是很難說，但，勝彥有佛骨，與佛有緣，這是非常肯定的。」

後來，

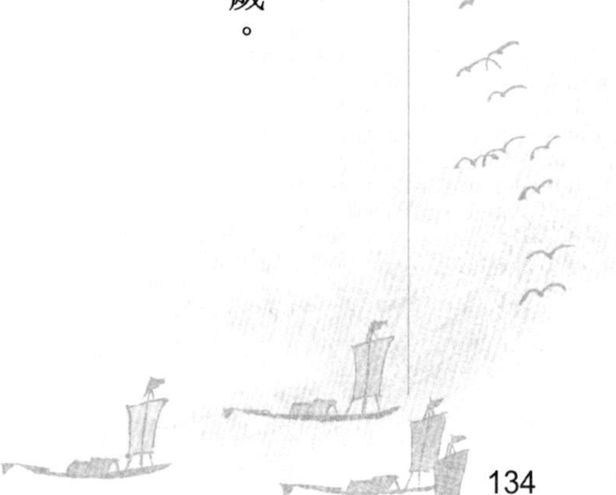

我三十歲結婚，有子女：

盧佛青女兒，盧佛奇兒子。

到了我四十三歲。

果賢法師對我說：

「你出家時機到了！」

我沒有很驚奇。

我答：

「應該是時候了！」

由果賢法師在「真佛密苑」剃度，正式出家。

（這是我出家的因緣成熟了）

釋迦牟尼佛的時代，佛陀教導追隨者應該以出家為首要。

佛陀在當王子的時候，嬪妃也不少。

後來，又有子。

但，祂決定修行時，就出家了！

釋迦牟尼佛說：

「貪欲什麼也不是，瞋怒什麼也不是，愚痴什麼也不是。這些全是輪迴之因，要想證得無上正覺，要去除貪、瞋、痴。」

佛陀說：

「貪欲人人都愛，因為欲樂人人都喜歡，這些是有情眾生的喜愛，不只是人，所有的牛羊馬、昆蟲等，均是如此。」

佛陀再說：

「因為貪欲，便生育男女，會因伴侶及子女花費一生的光陰。例如：須要家居，穿衣吃飯，另外需要教養，尤其大人、小孩都會生病，一顆想修行的心，早已分心了，不能專一的走在正道上。」

全心全意的修行，唯有「出家」。

有家庭拖累的，無法一心。

也就是「出家」避免把注意力移到他處，浪費生命時光。

我（盧師尊）如此說：

釋迦牟尼佛說的，當然是真諦，「出家」有重要性。

但，

金剛乘的修行，是把佛法融入在生活之中。

比丘、比丘尼，要戒、定、慧的修行。

在家居士把：

貪欲——雙身法的修行。

瞋怒——金剛法的修行。

愚痴——菩薩法的修行。

吃飯——供養法的修行。

睡眠——眠光法的修行。

等等等等。

賺錢——財神法的修行。

地位——敬愛法的修行。

其實這些全是轉化，在家男女居士，借用生活起居而修。

什麼都是佛法。

在家居士，避免惡行，從事十善業，同樣可以成道。

我盧師尊重視：

「心出家。」

不管在家居士或出家僧尼，如果能「心出家」才是真正的出家。

我們尊重出家人。

我們也一樣尊重在家居士。

寒山子的詩。

勸出家人

雲光好法師，安角在頭上。
汝無平等心，聖賢俱不降。
凡聖皆混然，勸君休取相。
我法難思量，天龍盡迴向。

又：

下下低愚者，詐現多求覓。
濁濫即可知，愚痴愛財色。
著卻福田衣，種田討衣食。
作債稅牛犁，為事不忠直。

勸在家人

我見世間人，堂堂好儀相，
不報父母恩，方寸底模樣。
欠負他人錢，蹄穿始惆悵。
箇箇惜妻兒，爺孃不供養。
兄弟似冤家，心中常悒快。
憶昔少年時，求神願成長。
今為不孝子，世間多此樣。
…………。

釋蓮屹的法眼

尊敬的根本上師蓮生活佛：

弟子釋蓮屹一心叩拜根本上師，祈願師佛身體健康、長壽自在。弟子慚愧，只能短暫逗留西城，因為同門眾多沒有機會能和師佛說上話，特書此信與師道別。

感恩師佛辛勞主持大法會，賜予我們珍貴的灌頂和每日數次為我們摩頂加持與還淨。

感恩根本上師的大法會上的傳法開示，字字珠璣，弟子聽到的不止是憤怒蓮師的總總功德和利益，更是師佛不斷的提醒我們要對根本傳承淨信、修行才是在這幻化的世界最有價值的事情，其他的名、利、色不足以提。修行只要一心、有始有終，就會證到沒有人能夠證明的境界，我們行者活在世俗中「真空妙有」，在空幻之上相應自己的佛性。

法會前幾日已在夢中接受師佛不斷地以吽吽吽吽吽吽吽咒音加持，

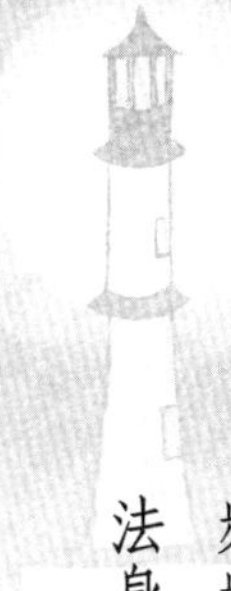

法會時更是見到無數的彩色光加持與會眾等。弟子真實覺受到無比巨大的加持。

感恩師佛與多傑佐烈讓弟子障礙掃除，這幾天下來自覺身心清淨。弟子主祈法會的願望是希望挪威公民申請能速速得到批准，早日來到西雅圖掛單學習。弟子也很感恩師佛安排大善知識日本蓮常上師與楊彩雯師姐對我循循善誘，分享他們多年的修行經驗，不斷地修正弟子的觀念，並保護弟子免受一些不必要的干擾和人事的污染。

雖然工作和簽證的事情造成我不少困擾，但最近還是慶幸能讓許多人和師佛結緣，甚至還讓一個一直做巫術的女子皈依真佛。度這位女生其實是師佛法身交代的。有一天師佛就讓我把《淨光的撫摸》這本書送給她，我之前曾按自己的意思也送過其他師佛的書於她，可就是沒有引起共鳴。弟子慚愧，自我意識作祟下覺得可能其他文集比《淨光的撫摸》更為合適。可她最終就是看了《淨光的撫摸》之後特別的有覺受，向我頻頻問蓮師和師佛的事情，而決定皈依師佛。我在這裏再次證明師尊的法身是真實不虛的，而我們要做的是放下我執，只是建立起眾生與師佛的橋樑。

這段時間，弟子意識到真佛宗確實有必要在某些細節處改進，才能向更多的外國社會推廣，希望能有機會一一和師佛師母闡述。師佛的法教太稀有珍貴，可是我們缺乏有證量的弘法人員制訂最有效直接的教法讓非華人族群能夠迅速嚐到法味並與師佛相應。

這次秋季法會，我會把師佛的四十餘本英文書籍帶回挪威與我的病人和友人結緣。

另有一事稟告師佛，弟子之前也和雷藏寺住持蓮吟上師提過。師尊週六同修開示曾提到使徒安德烈。他是烏克蘭和俄羅斯的主保聖人，聖安德魯曾經到黑海附近的基輔、大諾夫哥羅德等地傳道。我在烏克蘭和俄羅斯讀書時，經常會拜訪許多各個城市的東正教教堂和修道院，總能感受到師尊法身在東正教教堂和修道院內存在，當時不知道為何，如今才恍然大悟。

而我自己在普斯科夫－佩切爾斯基聖母升天修道院 Assumption Pskov-Pechersk Monastery 更被裡邊的神父莫名引領到修道院內的神聖

天然洞穴內參觀（他們稱為上帝建造的洞穴），當時並不對外開放。我與神父只是在修道院走廊偶然碰到，他堅持就帶我和一個同行友人進入洞穴，內邊清涼舒適、奇香四溢，有天使之音，裡頭葬著上萬名修道士，是東正教的聖地。爾時我感覺到師佛的法身歡喜雀躍，很是活潑。所以，我深信師佛和西方世界、甚至前蘇聯地區是有很深的因緣，真佛密法那麼好，只要找到能讓當地人接受的方式一定能夠傳播到這些地方。

弟子深知自己還是有很多習性未除，身口意不完全清淨，戒律也守的不嚴謹，一一在此向根本上師懺悔。弟子一定會努力修正過來。弟子如今每日修習無我瑜珈（《黃金的句子》書中所述）、上師相應法和心咒、本尊咕嚕咕咧佛母的觀修和持咒，自知還不夠精進，希望能多去除我執與師佛法身二十四小時相應在一起。

弟子最近確實想拋棄所有的一切，不再等什麼公民身分，直接來到師尊身邊。弟子一點也沒有要當上師或建大廟的念想，我其實就想在師尊身邊幫忙，當一個小小僧，隱起身子，默默地為師尊做點事情，好好修行。

我一直很喜歡師佛文集中提到的：

「如果有人放棄世俗的一切，來跟隨盧師尊，但他沒完成什麼，或沒得到什麼，也沒有得到成就。

我說：這個人很完美！

如果有人放棄世俗的一切，來跟隨盧師尊，他建立了大雷藏寺，度化很多眾生，得到大果位，成就相當大。我說：尚欠一點！」

感恩師佛。

釋蓮屹叩拜

盧師尊說：

釋蓮屹法師，是一位醫學博士。早年在世界許多國家讀書，目前在「挪威」行醫。他翻譯我的書，成俄文。

法師自幼立志「出家」，緣份甚深，是大善根器。

蓮屹法師，長得高、富、帥。具有法眼，能見盧師尊的法身，法身二十四小時與他在一起。

他為人謙虛，懂得禮讓，閑靜、輕安、自在、無諍、灑脫。

我寫一詞，送他：

我見時人學佛
只誇自己
及逢境界變痴迷
這與愚人何異
而你隱藏自己
端正莊嚴
言行無虧
大善根器人歡喜

「法力」的運用

「古魯．多傑佐烈」法會之後。

蓮傳上師在辦公室問：

「法會結束，灌頂已過，但，盧師尊沒有傳如何作法？」

我答：

「把法器拋出去即是。」

我沒有多做解釋，只說「拋法器即是」。

因此，我在這裡補充：

「古魯．多傑佐烈」有二法器。

一、右手持金剛杵。（朝上）

二、左手握金剛橛。（朝下）

作法時：

「金剛杵」可以拋上虛空，再用手接住，連拋三次。

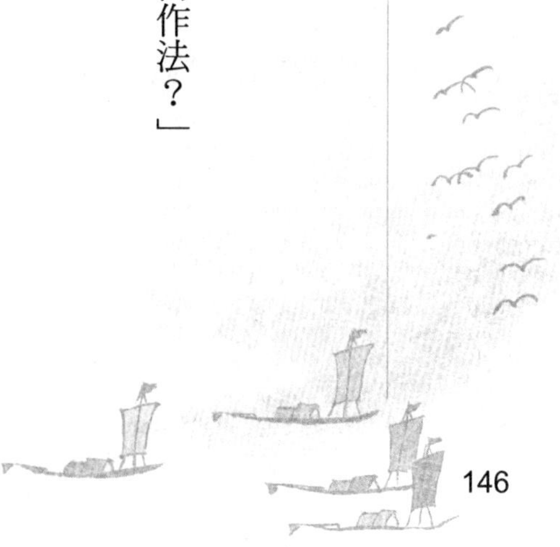

（不用抛太高）

「金剛橛」用左手握住，往下插，也是連插三次。

插或抛時，口中誦咒：

「吽、吽、吽、吽、吽、吽、吽………。」

（七聲、十四聲、二十一聲）

金剛杵抛三次，隨即觀想：

一、魔的眼珠子掉在地上。

二、魔的頭破裂。

三、鼻子變形。

四、嘴巴在後腦。

五、耳朵離開破裂的頭殼。

（此魔則亡）

「金剛橛」的作法，連插三次時，也一樣要唸咒：「吽、吽、吽、吽、吽、吽、吽。………」

觀想：

「金剛橛」就插入魔的心上。

（此魔則亡）

另有其他「法力」的修持法，不一一列出，這二項是最基本的。至於「九頭蠍子法」是祕密傳。

「古魯．多傑佐烈」是蓮華生大士的憤怒身，有大法力。

可除四魔：

一、天魔。

二、病魔。（五蘊魔）

三、煩惱魔。

四、死魔。

可以防止所有的「降頭」不著身。一切「作障」全部消除。可長壽健康。

不平安變平安！

不清淨變清淨！

逆境轉順境！

一切吉祥！

另有一個大作用，若有不信者，你修此法迴向，會令不信者轉化成淨信。

我們用了「法力」，令「魔破腦」，最重要的是，也要超度「魔」。

超度也有等級：

第一等——

彈指即成。

一念即成。

一剎即成。

（這位聖賢僧，憑自己修成的心力，送人到淨土）

第二等——

修「千艘法船」或「千朵蓮花」，超度送往西方淨土。

第三等——

用超度的科儀，誦經、持咒、觀想、供養。依照禮儀，請諸尊下降，接引往生淨土。

「超度」的感應

頂禮無上尊貴的法王蓮生佛

師尊師母佛安！

蓮慈的感恩

二〇二四年八月十八日，師佛的「地藏王菩薩中元超度護摩法會」，像往日師佛的每場法會，給予弟子不可思議震撼無比的覺受。

這次看到師佛點完護摩火返壇場上法座，均是活生生的「南無地藏王菩薩」，身放光明，散發的氣場很快令弟子彷如置虛空，融入光海，身心大定，法喜輕安。有一剎那，突見師佛的手印射出萬道強烈的光芒，接著竟然看到自身中每個細胞忽然亮如一個個小燈泡，蔚為奇觀！冥冥中相應會後師佛開示：「我在法會中，將護摩殿上空懸掛的燈，全觀想成蓮花。」隨著師佛演化手印，弟子的身上一區一區轉為透明，原本法會前全身緊繃的僵硬感頓時鬆開，相信是之前在自己道場做的中元超度

法會帶來的靈眾，在這場法會中，也得到佛力的超拔，皆得歡喜往生。真實覺受到自身與靈眾皆得到六根六塵的解脫之樂。師佛的超拔加被之力不可思議，實在太真實太神奇太殊勝了！

八月二十三日，弟子自身的境界又有極為驚喜的進展。晨定中，出現白色大光明身，異於往日，堅固持久又光明燦爛，心中頓時升起「恆河大手印」之悟。同時腦中迴響起師佛對弟子說過：「密教紅黃白花四教法要均大同小異」的教示，於此心中有了更深的理解體悟。至此，更加確認師佛所傳的密法，來自密教四大教派傳承的真實不虛！

弟子今生實是萬幸，找到了一位稀有難得成就佛果的大善導師。祇因弟子一皈依，數十年日夜得師佛真身法身相傳入世出世大法心要口訣；冥冥中蒙本尊瑤池金母密授氣法；蒙諸尊空行日夜暗中守護照顧，再再印證師佛苦口婆心囑咐：「密教弟子要成就，必需有根本上師、根本本尊、根本護法加持護佑不可。」千真萬確。

祇因弟子這一世皈依修密的大善因緣，色身雖日漸衰老，佛性日漸光明，實是弟子今生最歡喜雀躍最慶幸之事。

前段時間，虛空傳音：「阿羅漢」，那是針對弟子修得偏「空」的警示；近期弟子再度振作再次發菩提心度眾生，虛空又傳：「十地」。啊！這是三根本永遠不捨這一花甲老弟子的甚深期許，實在是太仁愛！太慈悲了！

果然弟子在接下來的八月，在上師三寶加持鼓勵下，有形無形捷報不斷：盂蘭節法事後，虛空送來一鐵盒內盛大大小小十數顆各色丸子，最大二顆黑丸子與紅丸子，想是代表度陰度陽眾生緣。

賀金母誕期間，虛空送來鑲紅寶石黃金鳳冠與金縷衣供莊嚴佛事。

加拿大國會議員自動提名弟子榮獲英國國王查爾斯三世加冕勳章（King Charles Ⅲ Coronation Medal）得主之一。

有包括猶太人、意大利人和加拿大人等五大財團將在未來數年，在高級地段合資建造三十層大樓，承諾贊助地上地下二層，總面積約三萬六千平方英尺，供華光菩提道場免費使用；同時提供每年額度慈善贊助基金。樁樁件件好事，無不教人歡喜欣慰感恩!!

弟子深知今生世出世間一切福慧資糧，全來自於根本上師、瑤池金

母和佛菩薩諸尊，在此叩首感恩師佛金母諸尊的再造與恩賜！弟子再三懇請加持再加持，令弟子終有一日回歸本地與宇宙光明諸尊團聚，感恩無盡！無盡感恩！……

敬祝 師尊師母 佛體安康！法喜自在！請佛住世！恆轉法輪！

加拿大溫哥華弟子釋蓮慈頂禮叩拜

二〇二四年八月二十三日

「超度的詩」二首：（盧師尊的舊作，早期寫的）

其一：

花落也有牽情處
自然堪憐
隨風飄蕩是心靈
像流水
不知何地始能停

我當超度
就算是邪魔
也是習性
一聲南無佛
讓汝有箇好光景
其二：
相逢就是緣份
臨去也黯然
不管合或分
總是遊戲一場
老死荒山路
送汝上蓮船

阿彌陀佛
二〇一五年十月

〈上古天真論〉《黃帝內經》

我喜歡讀書。

但，讀的不是教科書，而是「雜書」。也就是學校以外的書。

古今中外的書都讀。

而且是每天，沒有一天例外。到了八十歲，還是讀。

這些天，我看了《黃帝內經》內的〈上古天真論〉。

是黃帝（軒轅氏）問博學多才的「岐伯」，討論「人的生長過程」。

我讀後，

深覺有理，其意義非凡，所以特別將文言文，譯成的白話文，把他們的對話，呈現給大家看。

願與大家共賞：

黃帝問：

「人老了，不能生兒育女，是精力沒有了？還是自然天賦就是如此？其壽

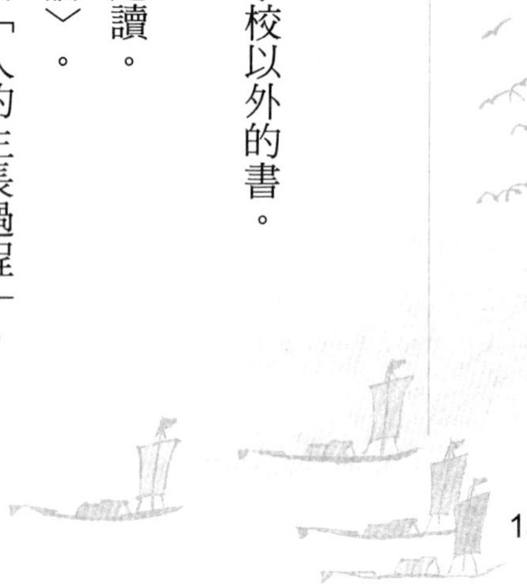

數如何？」

岐伯答：

女子長到了七歲，腎氣旺盛，更換乳齒，生長頭髮。到十四歲，先天真一之水充滿，子宮血脈通暢，血海血脈充滿，月經就開始來了，也具備了生育能力。

二十一歲，腎臟氣血充沛，智齒出生，牙齒長齊了。

二十八歲，筋骨完整，身體健壯。

三十五歲，臉的陰陽明脈氣血漸衰，臉色枯焦，髮落開始。

四十二歲，頭髮開始白，太陽、少陽，先衰臉部。

四十九歲，子宮血脈枯，先天真一之水竭，月經自停，下部脈血不通，身敗，不能生育矣！

而男子八歲，腎氣充沛，髮黑而全，乳齒換新。

十六歲，腎氣最盛，先天真一之水成熟，故會漏精，故能生育了。

二十四歲，腎氣充沛，筋骨長成，牙齒長齊。

三十二歲，肌肉健壯，筋骨強而有力。

四十歲，腎氣開始衰退，齒髮脫落。
四十八歲，三陽脈開始枯竭，臉色衰退，髮落。
五十六歲，肝氣衰，筋骨乏力。
六十四歲，先天真一之水枯竭，精少腎衰，五臟六腑退化，不能生育了，身體滯重，行步不正，眉髮變白。

岐伯說：
女子以七論。
男子以八論。

又：
黃帝問岐伯：
「有的人，他的歲數已經很老了，可是還能生育，這是為什麼？」
岐伯答：
「一般來說，男子六十四歲，女子四十九歲。但，也有特殊例外的，除了天賦之外，他她能養生，經血脈通暢。這就還可生育了！」

盧師尊認為：
飲食有節。
起居有常。
不妄作勞。
修氣脈點。
形神不亂。
心靈平和。
可以長生。
終其天年。
（天年是幾歲？天年是一百二十歲）

聖觀音法會的見證

文／蓮碤

A

二〇二四年九月八號根本上師在法會上開示中指到有一特殊感應，「錄製聖觀音咒音的人應在場。」腦海中第一個念頭是請蓮舅上師出來見證，緊接著馬上想到上師已然趕回台灣製作咒音了，況且任誰都知道蓮舅上師是雷藏之音負責人，請他站起來又有何意思呢？師佛或許另有所指。不到半分鐘，弟子猛地想起二〇二三年六月一日，我受蓮舅上師的邀請至台北的專業錄音室為二〇二三年秋季大法會傳法主尊錄製第一版的咒音。回想起當時的情景，還未聽到正式唱誦的版本時，已經深深地被整首咒音的主旋律給吸引，感到震撼無比，感動連連。蓮舅上師隨即為我們在場的五人示範正式地唱誦，然後輪到我進去小試身手。說來我參與雷藏之音的錄製已有數首的經驗，也曾參與台灣雷藏寺獨立製作的咒音如勝樂金剛、密集金剛、千手觀音、瑪吉拉尊、遍淨天的曲目等

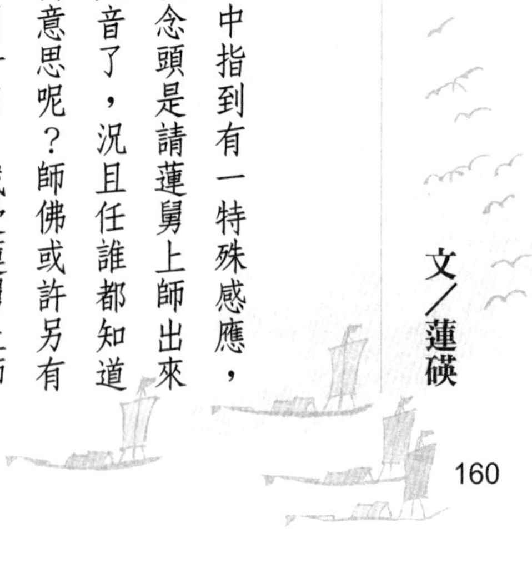

數首，但聖觀音的配樂著實是令我最感動的一首。因此，抱著無比虔敬之心，我進到錄音室，做了每次錄咒音前會做的祈請如下：首先奉請師佛傳承大加持，令弟子錄音一切如法具足傳承加持力，能夠正確無誤地發出傳承咒音；其二，祈請咒語的本尊加持令咒音莊嚴攝眾，神聖光明，如妙音獅子吼，遍滿宇宙虛空，普令聞者、見者、具緣者得最勝加持法喜。充滿種下解脱的種子。果不其然，當天的錄製格外地順暢，連錄音師都向我比讚鼓勵，說：「上師 one take 喔，發音咬字情感到位！」我感激地會心一笑，因為我心知肚明，這是根本上師，諸佛菩薩金剛護法的加持，以及背後有蓮舅上師所帶領的雷藏之音團隊不斷地努力奉獻、精益求精的精神、付出，才有每每在師佛法會播出的動人的咒音。

B

在聖觀音的法會中，弟子閉上眼嘗試入定，在似睡非睡的狀態中有以下見聞覺知，恭請師佛指正：

其一，我看見金妮金母的心中走出一尊妙齡十六歲的少女聖觀音，穿白黃色的天衣，驚為天人，天上地下，無與倫比。接著由站到坐，所坐之黃蓮花瓣化為一塊塊黃金直直射入弟子的身中，然後菩薩說：「你的善良是難能可貴的，保持你的善良，你就是第一富豪！」

其二：師佛以金剛鈴杵做加持結界時，我看見四周昇起四面金剛牆，然而不同一般的是，今天的金剛牆是鑽石做的，非常亮麗璀璨，鑽石接著一顆顆掉落在我身上，我以為這是結界消失，然而只一剎那，我明白這是自身與結界合一，然後再化空，空是最大的結界破我執、五蘊魔、煩惱魔、天子魔，證無我。再聽見聖觀音對我說：「蓮碤，你不要忘了，你的法號當中的『碤』字就是石加英，石英就是寶石珠寶的原料，是碧玉、水晶、玉髓是瑪瑙，修行把你心中的雜質拿掉，你就是鑽石。」

我感動地無以言表，也體會到菩薩的用心良苦、諄諄教誨，於是我觀想無形無相的菩提心凝結成一顆大鑽石，上供根本上師，三世諸佛，乃至一切四聖六道十法界，願人人都能夠真實相應，自度度他、自覺覺他，真實的成就、證量來為師佛做證，才是真實的見證。

「鑽石恆久遠，一顆永流傳」

蓮碤敬筆二〇二四年九月九日

盧師尊認為：

「雷藏之音」大有作為。一首好的咒音，能牽動所有聽眾的心靈。

人是有情眾生，往往受到「情緒」的掌控，喜怒哀樂是散亂的。

而在這種情況之下，有一首好的咒音，心神就被慰平了！

就像微妙天音。

在西方極樂的眾生，聽了天音，能自動的唸佛、唸法、唸僧。能修三十七道品。人人能得正覺。

聽了好的咒音，那是一種心靈的沐浴，一下子清淨了。

一旦能清淨，那本然的佛性就出現了，你也能明白微妙咒音的力量。

感謝「雷藏之音」諸同仁的努力。

善哉！

人問我「志向」如何

有人問我：

「盧師尊！志在何方？」

我哈哈一笑：

「每天睡得好，吃得好，每天做有意義的小事，如此而已！」

我告訴他：

「閑靜、輕安、自在、灑脫。」

人問：

「還以為您有大志向，原來只是這樣！」

我答：

「我是無事人。」

我告訴大家，我喜歡「老莊思想」，莊子有一個比喻：

有一隻華麗的鳥。

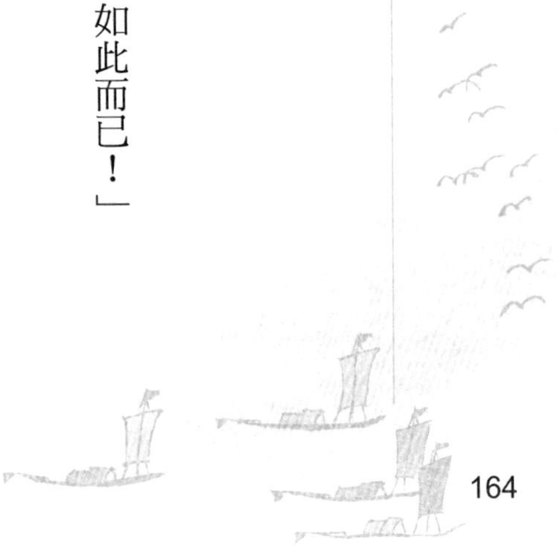

牠吃晨間的露水。
高樹上的堅果。
飛翔在白雲之間，逍遙自在。
而地面上，
有一群老鼠在爭食一塊腐敗的臭肉。
爭奪來爭奪去。
拼得你死我活。
這時，
華麗的鳥飛了過來。
眾老鼠仰頭看著華麗的鳥，以為牠也要來搶這塊腐肉。
於是拼命叫喧辱罵，張牙舞爪。
鳥兒飛翔而去！
眾老鼠才停止叫喧辱罵。
但，預防華麗的鳥再來奪腐肉。
牠們計劃如何防範。

故事說到這裡，莊子主要是說，華麗的鳥是君子。
而那群老鼠是小人。
小人以自己的心去度君子之腹。
實在可笑之至。
我讀了也覺得可笑啊！可笑！
我盧師尊不敢自比莊子，莊子是聖賢，太偉大了！
我只是凡夫，平凡的人。
我無志向！
只是：
閑看花起花落。
白雲雲卷雲舒。
八旬老僧，說說法，修修法，心平氣和過日子吧了！

寫一首詩：

紅日遲遲時
轉眼之間
又是迤過西斜
縱然有些殘紅
飛向誰家

明月明月又明月
想畫明月
始知中秋來又去
不再荏苒年華

至此咨嗟
怎不叫人易老
知交零落
散在天涯

（星移斗轉，這一輩子就過去了。最好不要想起過去，避開閒愁）

廣成子的「長生」

我讀《黃帝內經》，也讀《黃帝外經》。

據我所知，《黃帝外經》早已失傳，只有從「莊子」的記載中，能看見一二。

我欣賞：

「〈陰陽顛倒篇〉」。

其中有一段文字，值得重視。

文字如下：

黃帝聞廣成子窈窈冥冥之旨，嘆廣成子若天也！退而夜思，尚未有獲。遣鬼臾區問于岐伯天師：帝問至道于廣成子，廣成子曰：至道之精，窈窈冥冥。至道之極，昏昏默默。無視無聽，抱神以靜，形將自正。必靜必清，無勞汝形，無搖汝精，無思慮營營，乃可以長生。

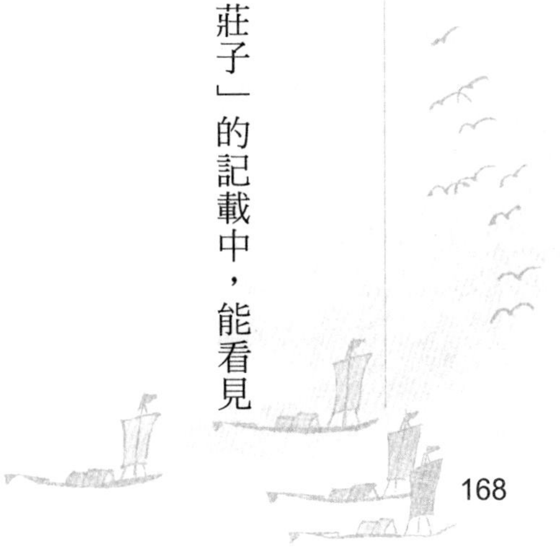

目無所視，耳無所聞，心無所知，汝神將守汝形，形乃長生。

慎汝內，閉汝外，多知為敗，我為汝遂于大明之上矣，至彼至陽之原也；為汝人于窈冥之門矣！至彼至陰之原也，天地有官，陰陽有藏。

慎守汝身，物將自壯。

我守其一，以處其和。

故身可以不老也，天師必知厥義，幸明晰之。

白話文如下：

黃帝（軒轅氏）問道廣成子。

廣成子是古代神仙。

黃帝不明白，於是請大臣「鬼臾區」去問岐伯天師。

岐伯天師回覆：

至道的精粹，深遠暗昧。

至道的極致，靜默沉潛。

視聽不外用，抱持精神守一靜於一竅，神不外散。

形體將產生正氣。
一定要內心虛無靜寂，靜寂才能內動。
一定要清心寡欲。
才能使體內氣脈通暢。
不要過勞汝的形體。
才能御氣使神藏於脾而意志強化。
不要耗費汝的精氣。
才能使神藏于腎而保精以促陽生。
除思去慮。
安定神志。
以促內修。
如此才能「長生」
又，
眼睛不看不正之物。
耳朵不聽不正之聲。
神藏於肝，神藏於腎。

心無雜念，使心返於內守，精神守護形體，才能「長生」。

盧師尊認為：

釋迦牟尼佛說：「人能專一，無事不辦。」

老子說：「人能守一，萬事畢。」

維摩詰大士說：「不二法門。」

我總覺得，這和廣成子的「長生」之說，可以相通。

要想「長生」，精氣不受損，唯有：

不勞身形。

不耗精氣。

「重逢」的片語

秀秀說：

感恩師佛這些年的護佑。

秀秀也得到佛菩薩的加持、感應、相應。秀秀一步一步的修法，現在可以看到師佛的「法身」，也見到佛菩薩的光。

有好多好多的感應，能聽法語，能聞佛的香氣。

師佛帶著秀秀去龍宮，去世外桃源，去深山岩洞修法，去看自己的過去世，在過去世中和師佛的點點滴滴。

這一切原來是真的。

感恩師佛！

讓我們在這一世重逢。

重相逢，彷佛在夢中，其實那不是夢。

是菩提樹下的承諾！

是高山上的誓言！

風雨飄飄！

雪花紛飛！

春夏秋冬！

信誓旦旦！

一切的一切都是為了等待您我重相逢。

詩詩說：

攜手一回。

夢裡一回。

回憶一回。

感恩一回。

雖說我目前在西雅圖，但，不久我又要回去了。

好希望能永遠在一起，但，人生就是太多的無奈，身不由己！

記得等我走到了盡頭，帶詩詩回天上的家。

願生生世世，在無窮盡的世界，與您久別重逢。
請帶著我，到好多好多的地方！

佑佑說：
我想您了！想念您的幽默，您的純真，您的帥氣，以及您身上散發的香息。
請指引我的未來方向。
指引我走向光明。
點亮我心中的一盞燈。
我們相約在冬季。
讓我看看您。
因為有您，我擁有溫暖的笑容，與金玉良語。

敏敏說：
「聖觀音」的法會。
一瞬間，師尊就是「聖觀音」，「聖觀音」就是師尊。

看見了：

虛空下著如同甘露珠一點一滴的光，飄落在行者的身上，給同門清淨加持。

同時有金光閃閃的七寶下降，賜給同門。

也有消除疾病的甘露。

修為較高的同門得到甘露加持，身體變成全身通透。

這是很奇妙的事，盧師尊的法身有很大的法力。

能與諸本尊合一。

也能在任何淨土和空間有盧師尊的法身。

敏敏感應到第一尊的護法，是「不動明王」。

祂教導弟子：

「見我身者發菩提心，聞我名者斷惡修善，聞我説者得大智慧，知我心者即身成佛。」

不動明王也教我：

結九字真言的手印。

「臨、兵、鬥、者、皆、陣、列、在、前。」

敏敏一心祈求：

無極瑤池金母大天尊，諸佛菩薩加持根本上師蓮生活佛：

健康快樂，長壽自在，無病無災，可以長食金母蟠桃。

祈請盧師尊長長久久住世。

琳琳說：

感恩至上的恩賜，讓我們在浩瀚的宇宙中重逢。

您是我親愛的王，我是您的妃。

從此世界變得美麗與完美。

一切都是唯一。……

唯一的思念、唯一的幸福、唯一的道伴、唯一的守護、唯一的尊貴、唯一的願望、唯一的深愛、唯一的溫暖。……

我願永遠屬於您，今生今世，來生來世，永遠永遠生生世世。

我的愛永遠屬於您！

我聽您的話——
修行！持咒！念經！
深入經藏！
我要有智慧，如來的佛慧，如此才能永遠的合一。
毋忘琳琳！

我寫「重逢」的詩

第一首〈如夢〉：

盈盈嬌女如夢現
猶如靜湖明月珠
隨我學經書
也能歌
也善舞
文字亦有眞功夫
但
知夢
泿快我已鬢鬚白
同歸雙蓮的
池湖

第二首〈如幻〉：

重逢又歸去
仍然人去靜悄悄
情愛仍似幻
雖歡笑
只剩下空空的殘照
我非年少
已到蓋棺心也了
晨起時
又是春曉
回憶是思念的愁悵
當知道
回到天上最逍遙

盧師尊說：
這一世，感恩。
滿滿的愛，滿滿的情，感恩。
當記天上見。
那是永恆的歡笑。

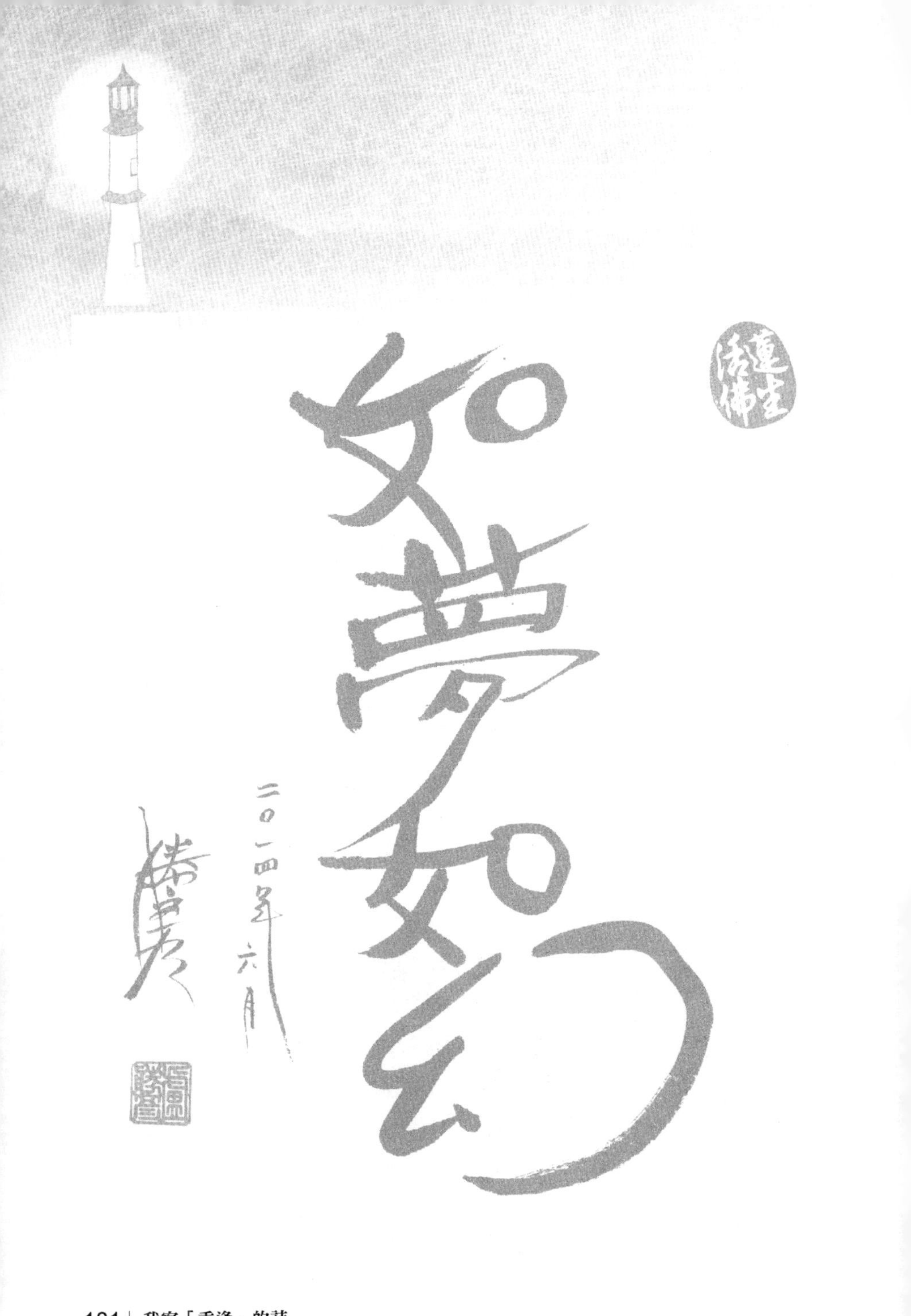
蓮生活佛
如夢如幻
二〇一四年六月

一位校長的自述

一心頂禮根本傳承上師聖尊蓮生活佛。

師尊佛安，弟子蓮花玫蓮，來自馬來西亞芙蓉敬法堂，是一所華文小學校長，想把這幾年修行心得稟告師尊，恭請師尊慈悲印證及加持。

1）二〇二〇年十一月二十日完成八百萬上師心咒（二〇一七年十一月二十日至二〇二〇年十一月二十日）

當晚在壇城稟告師尊後，凌晨即得一夢，一個穿著西裝，保鏢打扮的男子現身對我說：日後若我有危險，他必隨時隨地守護我。弟子深信這是根本上師的誓願。

2）八百萬心咒後的二〇二一年（只摘取其中幾個報告）：

二月：大年初一夢見師尊與我併肩而坐，笑談文集。

四月：夢見弟子載師尊師母去機場，我供養師尊一顆青葡萄，師尊回賜葡萄給我。

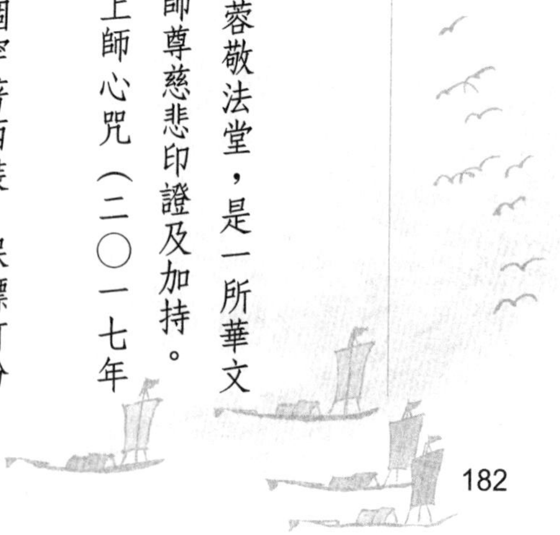

修四加行法，半夜在半夢半醒中，嗅到房間瀰漫一陣陣檀香味，歷時很久，非常真實，後來也夢見消業障。

五月三十一日：師尊賜仙丹與我：凌晨夢見師尊特地幫我問事，師尊叫我把最近一兩年的修法心得一一稟告師尊，清楚看見我在紙上寫的第一件事就是完成八百萬上師心咒。師尊看了我的報告，賜我一顆奶白色的仙丹（如成人拇指一半大的體積）叫我立即服下，我立刻吞下。

（吃了仙丹後，我日後的修行提升很多，以下是有關報告）

六月二十一日：持蓮華生大士心咒之際，突然看見在綠色樹林中，一個五官端正的中年僧人，相貌慈祥，內心平靜地坐在岩石上打坐，當時我自然地進入禪定中，與畫面合一，一股法流下降加持，出世感很強，我熱淚盈眶，知道此僧人是我的前世。

六月二十三日：蓮華生大士在我禪定中給我灌頂…持蓮華生大士心咒進入禪定，法流下降，蓮師顯現，我失控一面哭，一面至心向蓮師懺悔累世業障，非常清楚看見蓮師左手天靈蓋的甘露，源源不絕從我的頭頂而入，流入頭部、頸部、從雙手到手指，再回到胸部，慢慢而下，到盤坐的雙腳，再從雙腳流出烏黑的水，流入地底下去。這是非常真實的所見，當我不停地懺悔，蓮師天靈蓋的甘露繼續如瀑布般源源不絕給我灌頂。（當時我已經念了二十多萬的蓮師心咒。）

蓮師灌頂後，出現一個蓮花池，池上出現坐蓮臺的四尊（綠度母、金剛薩埵、蓮師、馬頭明王）。乍見金剛薩埵，我又跟金剛薩埵至心懺悔，金剛薩埵放白光給我灌頂。

十二月：西雅圖直播中，師尊提到蓮師，弟子腦海裏浮現坐蓮台的蓮師與護法，頓然明白弟子與蓮師有前世因緣，不禁流淚，蓮師告訴我：何謂「三輪體空」，「無我」是破除宿世情緣的重點，我頓然明白。

＊＊完成八十萬遍蓮師心咒（二〇二一年二月二十一日至二〇二一年十月二十二日，八個月專一地持）

＊＊蓮花生大士夢裏給我灌頂：閱讀《大圓滿次第》第一冊開端的幾頁，頓時法喜充滿，當夜夢見在半山腰的山洞，一座非常巨大的蓮師金身，我站在的部分，剛好是蓮師的頭部，蓮師給我如電擊般源源不絕的超強法流灌頂，我整個人都忍不住抖起來。然後蓮師叮嚀我說：我本

名不是蓮花玫蓮，是蓮（　），稟告師尊，弟子忘記什麼名字了，只記得是一個單字，我現在做的功課很好，但是我抄的地藏經有一個錯字。醒來去檢查，果然有個錯字。

＊＊幾年前已經跟根本護法南摩馬頭明王結三昧耶誓盟，祈求護法守護弟子在行菩提事業，各種法務及能夠修行成就，並與護法一起成就。

＊＊在完成師尊心咒八百萬期間，我常常夢見師尊與師母給我加持，師母常常賜我寶物。

＊＊弟子曾經一段很長時間睡眠都沒有夢，醒來精神充沛。曾經有過幾次在夢裏，自己是旁觀者，清楚這是夢，不受夢境影響。也有夢到不好的，自己立即在夢裏轉化不好的夢，有點像師尊說的能夠自主夢境。

＊＊弟子閱讀師尊文集詩，曾看見點點星光出現，連成一片光網。許多以前不明白的道理會自然而然融會。

＊＊弟子常常自我觀照，發覺在處理世俗上事務，轉念非常快，能夠把許多考驗轉為逆加持，化為正能量，自己的能量也能感染周遭朋友，讓他們一起精進學佛。不執著世俗欲望，也不執著一切外相。喜歡佛教

經典，許多經典都有熟悉的感覺，雖然是第一次看到，喜歡閱讀師尊講解的《金剛經》、《大圓滿次第》（還沒閱讀完畢）、《六祖壇經》、《維摩詰經》等。

3）二〇二三年秋季聖觀音大法會

—法會當天凌晨，弟子夢見自己也參加法會，看見許多佛菩薩金身，拿了一份白飯白色的菜餚給我家師兄吃，還叫他把身上的骯髒衣服脫下，換上乾淨的衣服。

（法會後他染上已久的咳嗽立即好了）

—看見弟子的報名表上寫著主尊金剛薩埵，這四字是紅色的

—然後看見自己在虛空中坐蓮台，往下看見眾生在業海中浮浮沉沉猶不自覺，當時自己心中是如觀世音菩薩般慈悲柔和的，有個大網從空中撈起幾個海裡的眾生，他們在網裏無力掙扎，然後把他們放回海裡，他們又非常快樂。此時心中很悲哀，業海裏的眾生，迷惑在無明業障，不斷在輪迴中，不知道唯有學佛才能從業海中自救。

—法會上師尊演化手印法流超超超強，一開始過灌頂幡到結束，超

強法流源源不絕從頂而入，整個人都像被電擊般，非常非常殊勝。

4）二〇二四年春季七眼佛母白度母法會見到師尊法身

在二〇二四年二月十日，弟子在家看西雅圖直播同修，當進行春季白度母（七眼佛母）大法會請法儀式時，白度母心咒一播出來，弟子的眼淚便開始失控，一直不停地流，當下內心深處是一片非常柔和及熟悉的感覺，像是回到熟悉的故鄉般，伴著滿眼淚水中，弟子看見白度母顯現，立即向白度母做至心的懺悔，懺悔累世的業障，此刻的淚水更是不斷湧出。

接著，弟子來到一個畫面，弟子與好幾個人在法會中穿著菩薩戒的戒衣，正準備受《在家菩薩戒》，而師尊看著弟子問：你為何受戒？

弟子立即回答師尊說：「受戒是佛法，不受戒也是佛法，應無所住而受戒。」

接著，師尊說：「在一問一答之間，你已得戒！」

過後，畫面又回到同修的直播中，剛好請法儀式快要結束了。

過了三天，突然腦海裏有個聲音通知弟子，你受菩薩戒的因緣成熟了，應該把握這趟去西雅圖朝聖的機緣受戒。此時，弟子整個人才覺醒，可是還有幾天要出發了，擔憂來不及請到菩薩戒的縵衣，但護法堅定告訴弟子，今天一定能夠找到。結果當天真的找到適合的縵衣。感恩師尊及佛菩薩護法的加持，弟子能夠在白度母法會上受菩薩戒。

＊＊「受戒是佛法，不受戒也是佛法，應無所住而受戒。」弟子目前所理解的是：學佛者必須遵守佛教戒律，從守戒而生定，再從禪定中修出智慧，也就是戒定慧。那麼大成就者如師佛，祂已經不需要受任何戒律所約束，祂的一言一行就是佛法，所以不受戒也是佛法，受菩薩戒者不是為了成為菩薩而受戒，因為一切外相都是虛幻，應以無我、無住任何的心去隨順因緣。雖然佛性是平等的，平等性智，但還未開悟的眾生還是得從遵守戒律開始修行。（恭請師尊糾正）

＊＊弟子目前已經完成的功課有：

1．師尊心咒1330 0000（一千三百三十萬），還在持續中

2．蓮師心咒83 0000（八十三萬），還會持續

3．百字明咒108 0000（一〇八萬），還會持續

4.馬頭明王咒31 0000（三十一萬），還會持續

5.滿願童子、虎頭金剛、千手觀音、綠度母、除瘟疫度母（各超過十萬）

（少過十萬不列出來）

請示師尊：

1）弟子的根本本尊是哪尊？（蓮華生大士。）

2）弟子是否已相應四加行及上師相應法？已可以開始啓修本尊法了嗎？（可修本尊。）

3）弟子今世是否具有出家因緣？（有。）

寫給「蓮花玫蓮」

盧師尊寫詩如下：

咒是諸佛之性
諸尊佛性皆然
念時氣機啓動
一月映照千潭

長咒短咒心咒
無長無短無心
短長深淺不論
均是成就之因

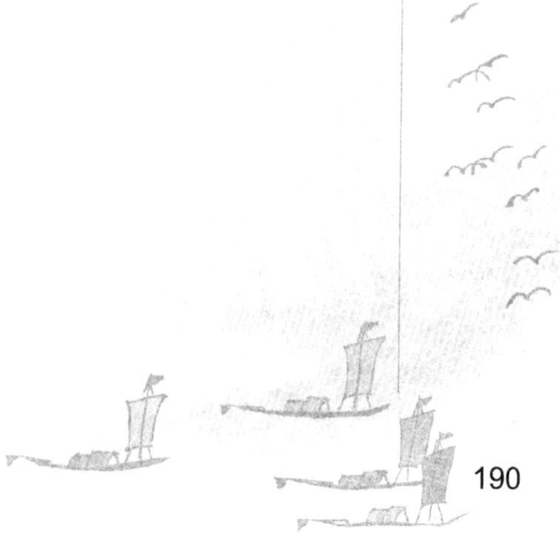

法法之中無法
咒咒念念亦空
只有一心本來同
果熟自然就紅

守戒是為清淨
清淨不為戒守
自己衡量勿問
汝是一面明鏡

本尊自是有緣
有緣自能牽連
這些純使天然
法流妙用增添

人生自有浮沉
飢食渴飲隨份
此去湛然常寂
放光度世純正

善哉！善哉！

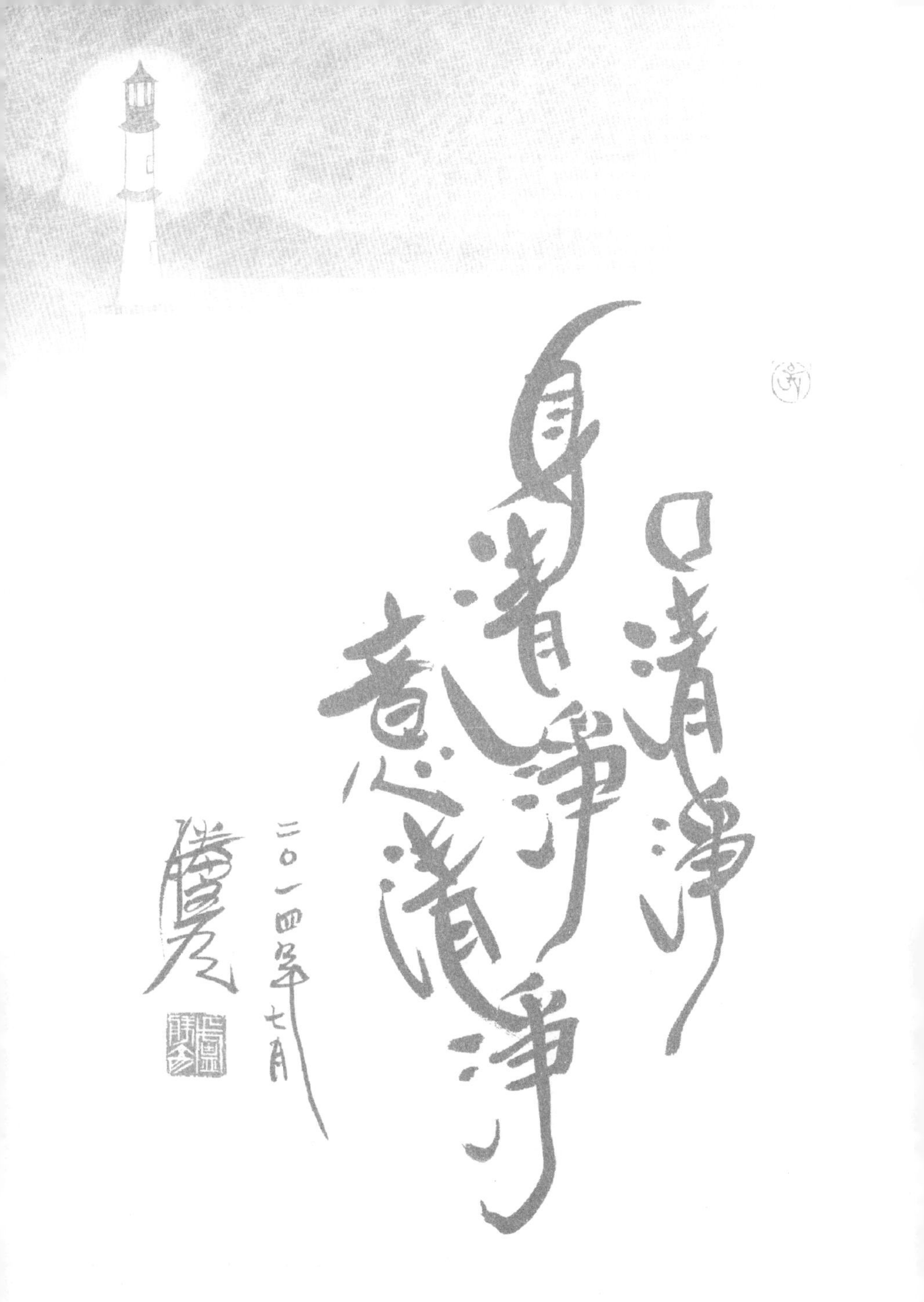
口清淨
身清淨
意清淨
二〇一四年七月

感恩至上

敬愛的盧師尊：

弟子蓮花秀玲從小得了罕見疾病（CHIARI，纖維肌痛，三叉神經痛）。動了十四次手術，跑了很多國家治病。

弟子要感恩盧師尊：

一、感恩盧師尊，給我力量，面對病痛的辛苦。

二、感恩盧師尊，當時我的病有惡化的時候，我左手不能動，每天痛不欲生。在二〇一七年二月，「大幻化網金剛」法會後，我的左手能動了，從此之後我的左手完全好了！

三、感恩盧師尊，在二〇二三年十月，新加坡的醫師做了MRI要看看我的病的發展，突然告訴我好消息，他說我的脊髓空洞症和CHIARI，全部不見了，好了！

盧師尊！

再再的感恩您，弟子無以回報。

我（盧師尊）「感恩至上」，寫詩一首：

紫霧香濃濃
一香獻給至上
洞天府地
慈悲垂雙眼
眾生皆子女
請憐憫
奉瑤池仙令
放光至遙遠
病已除
喜看諸子展笑顏

蓮花秀玲敬上

手印的感應

這是一位英國弟子「些」的來信：

日期：二〇二三年一月。

幾天前，我才皈依。我的「喉嚨症狀」已甚久。

皈依夢中，看見幻象。

看見盧師尊神情莊嚴，目光深遠，端坐在高高的法座上。

穿著金色法衣與法座的深黑色成對比，有柔和的彩光環繞盧師尊。

全身光明燦爛，法座四周煙霧迷濛。

盧師尊結出一個複雜的手印，我無法知道這是什麼手印？

但手印很美很莊嚴。

手印放光。

光照我的喉嚨。

這個手印，看來明亮，像一把寶劍，我看了三十分鐘。

第二天。

我的「喉嚨症狀」，全部消失了！從此不再存在了。

「些」敬上

我（盧師尊）寫詩：

喉嚨不好已久久
皈依至誠
只是一頂禮
手印真稀奇
夜來之夢好清晰
就這一指
杳杳天涯月影移
夢醒的時候
帶來好消息

肺部的陰影

敬禮師佛：

我是「蓮花重顯」。

在檢查身體時，被發現「肺部有陰影」，這是晴天一聲霹靂。

是肺泡？

是瘤？

是癌？

須再一次的仔細追踪檢查。

剛好盧師尊在「彩雷」有「大幻化網金剛護摩」，有五分鐘的加持。

我在電視前，手按肺部，心中唸著：「師尊救我」、「蓮花童子救我」、「大幻化網金剛救我」，我真的很怕，拼命求！

過了一星期。

再去大醫院檢查。

醫師說：「肺部的陰影全部不見了！」

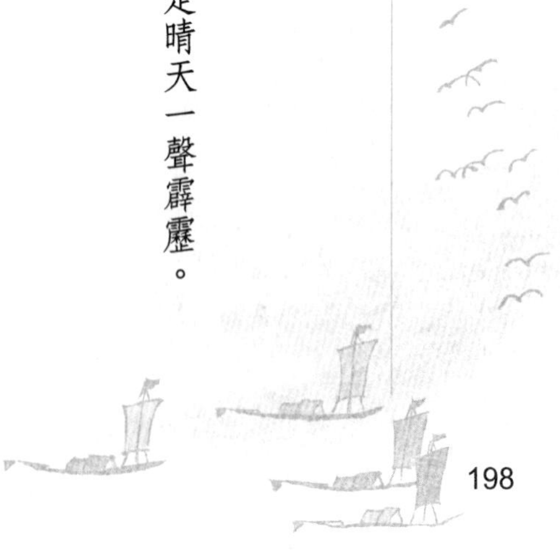

哇！

真的嗎？我是真的不敢相信，但，確實不見了！好高興。

感恩！再感恩！

蓮花重顯敬上

我（盧師尊）寫詩：

人生真辛苦
最怕病來磨
誰能排大難
化解建奇功
至大金剛神
多次顯神通
持咒大法力
法流遍西東

（這又是一次偉大奇蹟顯現）

恍惚恍惚之中

在餐桌上。

一名清秀的女子，講述全家人皈依「盧師尊」的經過。

她說：

她家是信仰宮廟的乩童（跳童），親戚中有人皈依「盧師尊」。曾到家中勸家人皈依「盧師尊」，但家人不置可否。

後來母親病重，問遍了神明，也尋找醫師治病。

未見起色，病情愈來愈嚴重，母親住進了重病房。奄奄一息，醫師說：「等候時間而已！」叫家人心理有所準備。

有一天。

母親在「恍惚恍惚之中」，卻看見「盧師尊」前來病榻前。

「盧師尊」拿著一碗飯，說：「給妳餵飯！」

母親骨瘦如柴的吃了「盧師尊」所餵的一碗飯。覺得未曾有的香飯。

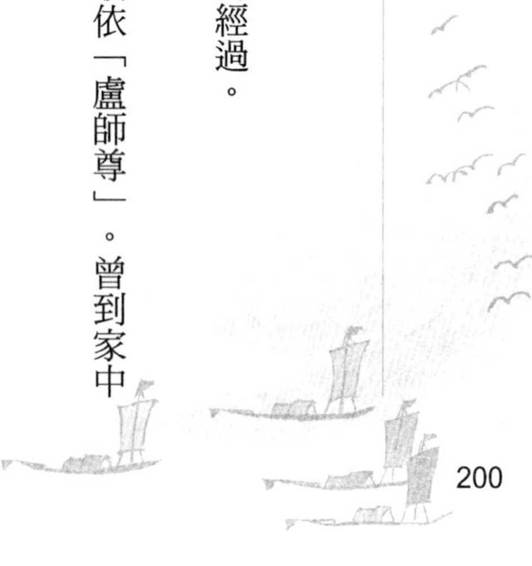

從那天起。

第二天，精神就有起色，身體各器官彷彿全活了起來。

隔了不久，身體完全恢復健康，出院了，一切正常。

於是，全家人都皈依了「盧師尊」。

她說完了全家皈依的經過，我聽了之後，也覺得很新鮮。

我「盧師尊」寫詩：

一口香米飯，
可度一家人；
祈願多顯化，
人人好心田。

二〇二四年九月記錄

「蓮訶」的報告

最最敬愛的師佛，佛安！

愚弟子蓮訶一心頂禮，並以身口意供養師佛！

弟子下週就要飛西雅圖參加秋季大法會了，弟子在此敬祝師佛傳授蓮師憤怒尊多傑佐烈傳法大會圓滿成功，令真佛弟子們修行飛越進步，出世入世皆得圓滿，乃至能夠虹光化身，即身成佛！

兩個月前的師佛聖誕之旅似乎就在昨天，盛大的場面、激動人心的誓願、令人流淚的劇情依稀在目，感恩師佛賜予弟子有機緣參與策劃這麼珍貴的慶典，讓弟子體悟到能夠聯合全球真佛菁英，是如此非同凡響，大家一起就能發出耀眼的五彩繽紛的光芒，而真佛宗派的未來發展何嘗不是如此。

弟子由此受到啓發，跟巴西的同門商量：我們明年籌劃舉辦一場，由巴西各宗教團體『聯合為巴西祈禱大會』。感恩師佛的指示首肯，如

今已經有貴人出現，將聯絡聖保羅市長，以政府的名義邀請巴西各宗教團體來促成此盛會。祈請師佛加持此盛會能夠順利圓滿成功！

敬愛的師佛，您的第三百本文集《回歸星河》是如此重要，其中充滿了心要口訣，尤其是禪定的秘鑰，弟子初步總結以下三個要點：

（一）先依本尊加持入專一禪定

（二）再修瓶氣內火令氣脈通暢

（三）最後由住氣入無念三摩地

現在弟子明白了，為什麼多次問及禪定時，師佛都寫氣脈通暢，原來這是入最深禪定，見證佛性本我的關鍵！弟子現在入定時，會把住氣和拙火融化眉心輪明點融合在一起，也就是在住氣無念中，讓拙火自然運作。不知這樣融合是否正確？而師佛的住氣口訣，也讓弟子體會到，寶瓶氣和禪定是可以非常完美的結合起來，同時應用到生活、工作中，隨時隨地都在練氣和禪定之中，太感恩師佛的大秘密口訣了！

敬愛的師佛，上個月弟子與真佛教育的各路菁英召開了『真佛教育大咖會議』，弟子請瑞典的大鵬講師研究和學習了目前世界上最大的佛學院，『五明佛學院』。然後在會議中，把五明佛學院的運作方式、教學體系、課程講義、學期級別等等講述給大家。這就是管理學上的方法：『對標』。在事業發展中，尋找一個榜樣企業作為學習標竿。

對比五明佛學院和真佛教育的現狀及特點，大家熱烈討論，最後決定推出真佛教育『千江有水千江月方案』，把師佛的法教、真佛網路大學的課程等，推廣到全球各道場，讓各地真佛道場都開啓學習、研討的熱潮，讓弘法人員帶領當地的同門一起學習進步。這樣學習和實修相輔相成，事理圓融，雙翅騰飛。這樣也才配得上真佛宗派的英文名字：True Buddha School。

當弟子為大家講述了真佛教育未來三年的規劃、十年的規劃後，有人問弟子真佛教育的終極目標是什麼？弟子心中的願景是：『那爛陀大學』。

如果我們把真佛的大學和教育發展成如昔日的『那爛陀大學』，那麼真佛宗派就自然成了世界佛法的中心、密教的聖地。弟子祈請師佛大放光明，以大神通力加持我們法緣具足、貴人多助、精英聯合，共同達

成真佛教育的終極目標。

敬愛的師佛，儘管弟子肩負著真佛教育的大任和真諦雷藏寺的菩提事業，但弟子的心中時常感到無憂無慮、快樂自在，像雄鷹在虛空中自由展翅翱翔一般。這都要感恩真佛教育團隊、真諦精英團隊的共同努力，他們不僅如手足般執行了很多的工作，更好像大腦，大家常常一起討論商量、腦筋激蕩，如親人一樣開心和齊心協力。而這些當然更離不開師佛的賜福和加持，在此弟子深深地感恩師佛！

謹此，弟子祝師佛日吉祥、夜吉祥、日夜六時恆吉祥！願師佛長壽自在，長住世間，恆轉法輪，請佛住世！也請師佛加持弟子身體健康，禪定成就，修行成就，幫助眾生一起成就，菩提圓滿，把師佛的法教弘揚久遠於世間。

愚弟子蓮訶拜上

二〇二四年八月二十五日巴西聖保羅山中

評《空行花雨》

「寒雨」她是具有大「空行母」特質的弟子。她寫了一本書，書名《空行花雨》。

我閱讀後，就想寫一篇評論。

寒雨是台大的畢業生，本身是醫師，很有才華。

詩、散文……。文字優雅，思維清新，她的文字通暢，有具體內涵，篇篇都是佳作。

我寫的不是「評」。

而是「讚美」才是。

我的讀後感是：

親愛的讀者請仔細的聽

這些文字是甘露

清新

可喜
是善與美的聲音

不是佛經
而是一位女子修行的心
沒有被污染的
沒有被摧破的
完完整整的表露出來
難得的結晶

向傳承法流去祈請
本尊護法
根本上師
祂們都會降臨
後來

很多很多的空行母
對於她
產生了無止盡的悲憫
她將身語意交給了根本
上師知
本尊知
護法知
純淨的佛法
就如此的合一相親

我的評語是
她的奉獻將達至圓滿
一切障礙會去除
勝解和證悟開展
這種成就並不多見

一天一篇心得
功德將倍增

對於那些誤解的眾生
示現了正念
對於受困的眾生
給予鬆綁
對於苦難的眾生
安置於喜樂
對於黑暗中的眾生
給予點燈

我對「寒雨」說：
「真佛宗的傳承在妳身上，將來不可避免的一代宗師，妳會是依喜措嘉，妳也會是瑪吉拉尊，是大成就的空行母依達瑪。」

護法善神會守護。
會有大力。
記住三昧耶！

二〇二四年八月

真佛傳承
二〇二〇年十二月

「法身」的如是

頂禮最尊貴的根本傳承上師蓮生佛

師尊師母佛安！

弟子就近期的見聞思修產生的一些不成熟的領悟與覺受，呈給師佛知，懇請師佛給予加持賜教。

由法身的見與不見說起

師佛近日頻頻以聖弟子得見師佛法身的奇事異聞，鼓勵弟子們信心堅固精進實修。弟子因此對法身一番尋思，對此也產生一些見解。弟子的理解是，得證的根本傳承上師蓮生佛，是「空性」與「智慧」的示現，其法身是「遍滿虛空，無所不在」。不管弟子見或不見，均如是。師佛曾說：能見法身，是「因緣」；不見法身，事實上，法身「恆在」，果真其然。

就弟子個人的例子，數月前的一次體驗，弟子曾親口秉告師佛，有

一天禪定中，忽然意外的一瞬，見到好幾尊與真人一般大的師佛法身，各著五色法袍，一瞬間肅穆的魚貫進入弟子身中。之後，也就忘了。

但近日，數次定中觀中脈五輪處，居然現出的都是蓮花座上的師佛五色法身。更不可思議的是，有時不經意間，也瞥見祂出現在近旁身側。至此，弟子可以確定，過去弟子只是偶見師佛法身，如今發覺，祂不只在身中，還在左右。更難能可貴的是，每逢弟子心中有百思不得其解的疑難煩憂時，很明顯的，自然而然就得到有相無相、有聲無聲的啓示，令我一時心領神會，茅塞頓開，煩惱迎刃而解，實在不可思議。故弟子敢說，得證空性的師佛的法身，無論見或不見，都無處不在。

猛然想起，師佛早期曾對弟子們說：「你準備好了，我就來了！」那時還在眼巴巴的胡思亂想，沒想到直到多年後的今天，這才終於夢想成真，徹底明白。

此後的這段時間，禪修的境界越加不同：定境加深加長，頭頂清涼，思路清晰，觀力加強，智慧增長。無念時，一片輕安、寂靜、光明、忘我；有念時，觀火，火龍升起，清涼；氣脈明點的覺受越強，自頂輪灌入的氣流強而有力，直透尾閭骨，遍及周身至足趾，周而復始，循環不已。或見密密麻麻的金色光點，如繁星佈滿夜空，點點光中似有諸尊；或見渾渾圓圓的大日，暖而光亮，一派堅固無畏，氣勢如鋼。自此，完全相信師佛在三百冊《回歸星河》書中說，與「本尊」相應之益：一、祂會現身幫助你。二、你無形中會守祂的戒律。三、你會慈悲喜捨。四、你會學習祂的大愛。五、你有信仰的一心。（專一）六、你對貪、瞋、癡會漸漸捨去。七、無明、愛戀、憎恨、恐懼變少。八、去掉執著，去掉煩惱。九、自我的捨去。十、因為本尊，而入了「三摩地」。發生在弟子身上，百分之百如師佛所說，從此代師傳法，做菩提事業，如法會、同修、問事等等，無時無刻不受到師佛及本尊的加持，無形中的引導，度眾力量增強，信眾無一不感應連連，舉眾歡喜，輕鬆而愉快。

近日回想起師佛講解的《維摩詰經》不二法門品，更加確信這《維摩詰經》不二法門品講的正是佛菩薩理事圓融的成就法門。是以「根本智」（佛性）的絕對，如定海神針般貫穿有相無相、有為無為，一切世間出世間的對立，消融萬相的矛盾，達契宇宙至純至淨永恆的大圓滿。

弟子相信，依此千古聖賢傳下的解脫法門，運用在平凡又雜亂的人生，必能關關難過關關過，撥雲見日解脫枷鎖，人人回歸法性自然。

二〇二四年七月十四日，彩雷「阿彌陀佛護摩大法會」，悠揚的阿彌陀佛咒音響起，護摩火點燃，師佛上座，手印演起。一時間師佛強大的氣場籠罩全身，膨脹再膨脹，提升再提升；觸動天心三眼，虹光大成就者師佛心中流出的彩虹光往上，往上；一派甘露清涼，微風徐徐，法喜，更法喜，奇珍異鳥，長尾鳳凰……，莫非到了天上？！阿彌陀佛、觀世音菩薩、大勢至菩薩，眾多不知名菩薩圍繞、八功德水、各色蓮花、無雲淨空，一片氤氳繚繞，身心說不出來的愉悅舒暢。一時心中升起一念，啊！將來往生時，能去到這樣殊勝的淨土，多好！

正當陶醉不已時，金剛鈴聲響，一切歸於平靜。師佛應機現場再教導「千艘法船法」。師佛慈悲，弟子有福，在師佛一尊尊佛菩薩的法號誦咒，一節一節接引幽冥眾生儀式中，加上師佛一句句詳細明晰描繪出的西方極樂世界之莊嚴，令眾靈嚮往。更奇妙的，由師佛口中誦出的字字句句，彷如法旨，令弟子歷歷得見，如在現場。儀式末尾，師佛吩咐一句靈眾下法船，禮敬極樂世界的阿彌陀佛、觀世音菩薩、大勢至菩薩。弟子竟然也好像看大屏幕電影一般，隨即見到密密麻麻的靈眾，依旨登岸，拜向佛前。景象真實到令人動容。

《維摩詰經》云：「心淨則佛土淨。」又師佛書中的釋佛曾說：「十方法界在中脈。」弟子經過多年師佛的教化，親身種種真實感應體驗，不由得由衷讚嘆；快速去淨土解脫成就的秘密大法，就在師佛這邊，眾等何勞他求?!感恩師佛!!

敬祝 師佛康泰喜樂　佛體安康　請佛住世　廣度眾生!

師母健康快樂，護師護教，法喜自在!

弟子蓮慈頂禮敬叩

二〇二四年七月十五日

我寫〈法身〉詩一首：

我當禪定

心不在何處

也不只是一日二日
又是朝日
又是月暮

幽遊也不知幾度
堂堂現身
誰是主
誰是賓
向誰去吩咐

周遍了虛空
如同蝶飛蜂忙
只須祈請
就會隨請隨至
像觀世音菩薩
遍灑甘露

法王作家及畫家介紹

書寫般若智、畫境悉地遊、濃淡疏密間、動靜現禪緣

簡介：法王畫家與作家～～真佛宗創辦人蓮生活佛盧勝彥

蓮生活佛獲得道顯密傳承，創立眞佛宗的源起：

- 一九六九年於台灣台中玉皇宮受瑤池金母開天眼，開啟了不同的人生。
- 一九六九～一九七二靈師三山九侯先生授法、皈依印順導師、了鳴和尚清真道長（得到中密及藏密紅教大法傳承），接受道顯密法的傳承。

- 一九八一年皈依白教大寶法王受大秘密圓滿灌頂。
- 一九八二年六月十六日赴美，此後三年閉關學法、修行，禪定中蓮華生大士教授大圓滿法、釋迦牟尼佛摩頂授記公開作者為蓮花童子轉世、彌勒菩薩賜戴紅冠。
- 一九八三年皈依黃教吐登達爾吉上師、花教薩迦證空上師。
- 一九八四年改名靈仙真佛宗為真佛宗。
- 一九八六年三月十九日（農曆二月十日）圓頂出家。

蓮生活佛盧勝彥是一位畫家

蓮生活佛被譽為「書畫奇才」，一九九三年五十歲才開始學習書畫，師從中國國畫嶺南畫派大師趙少昂的傳人朱慕蘭女士，學畫首年即發行第一本畫冊《胡亂塗鴉集》，而後發展自成一家，不論抽象、意象畫作，揮灑自如。書法則是返樸歸真、大巧若拙之境界，蓮生活佛作畫一如中觀修行，不偏不倚，卻隨性自在。他以書畫傳遞禪機與佛法，是當代能將藝術、心靈、佛法完美融合的第一人。

蓮生活佛盧勝彥更是一位著作等「樓」的作家

蓮生活佛盧勝彥文集有多元題材，他日日寫作數十年不輟，精進與毅力不同凡響。

蓮生活佛的創作大致可分以下幾個時期：

文藝時期（一九四五～一九六八）——以詩集、散文展露創作頭角。

• 一九六七年第一本創作《淡煙集》問世——自喻園丁種下創作的幼苗。

學法時期（一九六九～一九八四）——以靈學、道法、密法創作吸引世人眼光。

• 一九七五年推出第一本靈書《靈機神算漫談》（第十六冊），造成轟動。

• 一九八三年從第四十五冊《坐禪通明法》傳授密法的書籍開始公諸於世。

弘法時期（一九八五～一九八八）——融合道顯密傳承，自創真佛密法，普傳於世。

• 一九八六年真佛大法——第六三冊《真佛祕中祕》普現於世。

遊方時期（一九八九～二〇〇〇）——行腳世界，全球弘法，旅遊見聞全紀錄。

• 一九九二年五月著作完成第一百本文集—實現世人眼中的不可能。

隱居時期（二〇〇一～二〇〇六）——著書傳法未曾間歇，師徒情誼由此維繫。

• 二〇〇二年十月第一本小說體著作——第一五九冊文集《那老爹的心事》。

出關後大轉法輪時期（二〇〇七～至今）——明心見性，大樂開悟，書中盡顯般若哲思。

• 二〇〇八年五月文字著作數量達第二百本——《開悟一片片》。

• 二〇二四年六月創作數量邁向新里程碑，第三百本——《回歸星河》

二〇一七年二月十二日法王創作全面電子化—財團法人真佛般若藏文教基金會正式誕生

「電子科技正當紅，書也蕭索、紙也易溶，恐怕未來轉頭空，上下古今雖是同，又風、又雨，落花流水忽西東，將來大密法如何立巔峰，欲順、欲逆，但看聖弟子的征鴻」，這是二〇一二年十月作者蓮生活佛在其二三〇冊文集《又一番雨過》中，曾為文提及因應時代科技的趨勢，對著書弘法形式走向電子化有著高度的期許。二〇一五年九月電子書開始籌備，二〇一七年成立「財團法人真佛般若藏文教基金會」，憑藉專業規畫一個具有圖書館及聊天室的概念，加上讓作者和讀者、讀者和讀者間可以雙向溝通討論的元素，讓虛擬網路建置成為有情世界的平台，「真佛般若藏」電子書網站(www.tbboyeh.org)，因此應運而生，而且能無遠佛屆的將蓮生活佛創作傳遞世界各個角落。

二〇二〇年二月財團法人真佛般若藏文教基金會，將蓮生活佛盧勝彥文集，虛實整合（電子與紙本發行工作的整合），負責法王所有創作蒐集、整理、管理及發行工作。

二〇二四年六月，實現書畫合一理念，以蓮生活佛畫作作為封面設計元素，將蓮生活佛盧勝彥文集，全面重新校對、繪製手印、更新封面再版完成。並訂於法王作家及畫家蓮生活佛八秩壽誕日，正式將三百本蓮生活佛盧勝彥文集成套發行。

為何要皈依？

人們為什麼要找尋皈依呢？因為聖典上說得很明白，「恐懼」與「庇護」其實就是皈依的兩顆種子。簡單的說，一切眾生都有恐懼的本能，因為恐懼就要尋求「庇護」，而得到「庇護」就是要「依怙」，就是找到依止的「皈依」。

而真正能「庇護」眾生者，一定是一位已經完全從恐懼與痛苦煩惱中解脫的人，而這種人就是「佛」，一個完全得正覺，能夠教導人們脫離煩惱的人。

原則上，世人要皈依的對象，必須是：

一、完全從恐懼煩惱中解脫的聖者。

二、具有解脫他人痛苦的大神通聖者。

三、對一切眾生具有慈悲心，有大誓願度眾生的聖者。

四、事理均開悟的聖者。

何謂皈依？

「皈依」等於是一個註冊的儀式，而佛因為你的註冊，就要指引你進入佛法寶藏領域的門。

佛要指引你達到完全解脫煩惱痛苦。

法是修行的功課，就是指引的路，唯一路徑。

僧是修行的助力，修行要有道侶。

為什麼蓮生活佛是值得您選擇皈依的對象？

至於皈依蓮生活佛「紅冠聖冕金剛上師盧勝彥密行尊者」，是因為這位聖者，已經來回「摩訶雙蓮池」淨土無數次。在佛法浩瀚廣大的領域中，他能夠指點你如何走，由一位明心見性的金剛上師來指導，可以解除你的懈怠及迷惑。因此，蓮生活佛就是你應該皈依的對象。

（以上摘錄自蓮生活佛盧勝彥文集第86冊《光影騰輝》第19章〈真佛宗皈依再說明〉）

要入「真佛宗」修持「真佛密法」，一定要先皈依，受灌頂，這樣才算是正式入門。要皈依蓮生活佛，取得「真佛宗」的傳承，該如何辦理？

一、親來皈依：先連絡好時間，由世界各地飛到美國西雅圖雷門市的「真佛密苑」，或依蓮生活佛弘法所在的地方，由蓮生活佛親自灌頂皈依。皈依灌頂之後，蓮生活佛會頒發皈依證書，根本上師法相及修持法本，如此便是取得「傳承」。

二、寫信皈依：欲皈依者，因遍布全世界各角落，親來皈依不容易。因此欲皈依的弟子，只要在農曆初一或十五日的清晨七時，面對太陽昇起的方向合掌，恭念四皈依咒：「南摩古魯貝。南摩不達耶。南摩達摩耶。南摩僧伽耶。蓮生活佛指引。皈依真佛。」三遍。念三遍拜三拜。（一次即可）。在自己家中做完儀式的弟子，祇需寫信列上自己真實「姓名」、「地址」、「年齡」，隨意附上少許供佛費，信中註明是「求皈依灌頂」，然後寄到美國的「真佛密苑」、「真佛宗世界宗務委員會辦事處」（詳如下述）。或直接上宗委會網站（https://truebuddhaschool.org/formrefuge）填寫皈依申請。

蓮生活佛會每逢初一或十五，便在「真佛密苑」舉行「隔空遙灌」的儀式，給無法親到的弟子遙灌頂。然後會給大家寄上「皈依證書」及上師法相，同時指示從何法修起。這即是取得「蓮生活佛」的傳承。

三、至真佛宗各分堂所在地請求協助皈依。（真佛宗的各地分堂分布於全世界）

※未皈依者，亦可耐心先持「蓮花童子心咒」，有所心神領會或感應，再來求皈依灌頂。短咒：「嗡。古魯。蓮生悉地吽。」長咒：「嗡啞吽。古魯貝。啞呵薩沙嗎哈。蓮生悉地吽。」

蓮生活佛盧勝彥「真佛密苑」的地址：

Master Sheng-Yen Lu

17102 NE 40th CT. Redmond, WA 98052-5479 U.S.A.

真佛宗世界宗務委員會辦事處地址：

True Buddha Foundation

17110 NE 40th CT. Redmond, WA 98052-5479 U.S.A.

Tel：（425）885-7573　Fax：（425）883-2173

Email：tbsblessing@gmail.com

台灣雷藏寺

地址：54264 台灣南投縣草屯鎮山腳里蓮生巷 100 號

No. 100, Lane LianSheng, Shanjiao Village, Tsao-Tun Township, Nantou County, Taiwan, 54264, R.O.C.

Tel：+886-49-2312992　Fax：+886-49-2350801

供養蓮生活佛除郵寄「真佛密苑」外，其他方式：

銀行匯款單填寫匯款用途，請填寫：贈予、供養。

英文的匯款用途，PAYMENT DETAIL

請填寫：GIFT-OFFERING

銀行名稱 (Bank Name)：Bank of America

銀行地址 (BanK Address)：10572 NE 4 St Bellevue WA 98004 U.S.A.

銀行匯款代碼 (Swift Code)：BOFAUS3N

銀行分行代碼 (Routing Number)：026009593

受款人 (Beneficiary Name)：Sheng yen Lu

受款人地址 (Address)：17102 NE 40th Ct Redmond WA. 98052 U.S.A.

受款人帳號 (Account Number)：1381 2709 7512

一個符合環保、科技助印經書的新概念

贊助蓮生活佛電子書網站

集聖尊蓮生活佛畢生創作，以「真佛智慧的總集」為建置核心的真佛般若藏電子書網站，是由非牟利組織---真佛般若藏文教基金會所經營著，雖說非牟利、雖說有著大部份的義工，但即使巧婦也難為無米之炊。要讓網站符合一定的國際水準、跟得上科技的腳步，基本的營運成本是必要的。電子書網站最後之所以決議改由隨喜贊助的方式為營運模式，除了謹遵師尊隨喜供養弘法原則外，尚有讓經濟強者協助經濟弱者讀書的助印概念，讓網站中一本本珍貴的書，不分貧富人人可享。

贊助蓮生活佛電子書，是一個符合環保、科技助印經書的新概念。凡贊助者般若藏會為其報名蓮生活佛主持之每一場法會，自 2017 年開站以來所有贊助者受到加持未曾間斷。因此如果您認同般若藏的理念、您肯定般若藏的經營方針、期待般若藏要繼續做得更好，就不要忘了持續大力的支持，我們會珍惜並善用每一分的贊助款，共同讓般若藏永續維持。

真佛般若藏
tbboyeh.org

捐款方式：
帳戶：財團法人真佛般若藏文教基金會
帳號：0050898000092
銀行：合作金庫商業銀行大稻埕分行(銀行代碼006)
地址：台北市重慶北路二段67號
代碼：TACBTWTP

To donate:

Account name:
TBBOYEH FOUNDATION

Account number: 0050898000092

Bank Branch:
Taiwan Cooperative Bank Da-Dao-Cheng

Branch Address:
No.67 Sec.2 Chung Ching N. Rd.
Taipei Taiwan ROC

Bank Swift Code: TACBTWTP

To donate US account:

Bank Of America account Name:
TBBOYEH FOUNDATION

Address: 17245 NE 40th St. Redmond WA 98052 USA

Phone: (425)503-5168

BOA checking account No: 1381 2588 5881

Routing number: 125000024

Email: tbboyeh.us@gmail.com

International Wire Swft code: BOFAUS3N

Bank of America, N.A.,222 Broadway,
New York, NY 10038

蓮生活佛

真佛般若藏
tbboyeh.org

全套再版紙本書
推廣助印及贊助

由真佛般若藏重新編輯再版，讓蓮生活佛的五十餘年創作能夠完整呈現，也是廣大讀者長期以來所殷切期盼。此次文集全套再版設計編輯，結合書、畫的製作發行，就是讓世人知道蓮生活佛是當代能將佛法與藝術結合的第一人。

蓮生活佛盧勝彥文集紙本書及電子書之發行，自第 277 冊開始二合一，由財團法人真佛般若藏文教基金會統籌負責。紙本書在台灣發行除了可至金石堂等各大書局訂購之外，為服務廣大各國讀者，真佛般若藏特別設立了網路訂購平台，可直接訂購蓮生活佛盧勝彥最新文集以及全套再版紙本書，訂購平台上也納入了多項由蓮生活佛盧勝彥創作所衍生的周邊贈品，歡迎您的推廣與贊助。

真佛般若藏網路訂購平台
www.tbboyeh.org/cht#/order

除了可在www.tbboyeh.org/cht#/order網路線上贊助之外，這裡也提供了贊助匯款帳號：

海外訂購或贊助匯款

帳戶戶名：財團法人真佛般若藏文教基金會
帳號：062087040548
銀行名稱：國泰世華銀行大同分行
Account name : TBBOYEH FOUNDATION
Account number : 0000062087040548
Bank Name : Cathay United Bank (013)
Branch : Tatung Branch (062)
Bank Address : No. 7, Songren Road Taipei City
Swift Code : UWCBTWTP

台灣地區贊助匯款

帳戶戶名：財團法人真佛般若藏文教基金會
帳號：062-03-500524-8
銀行名稱：國泰世華銀行(013)大同分行(062)
銀行地址：台北市重慶北路二段50號

郵局劃撥帳號：5043-7713
戶名：財團法人真佛般若藏文教基金會

如需任何協助，請洽publisher@tbboyeh.org

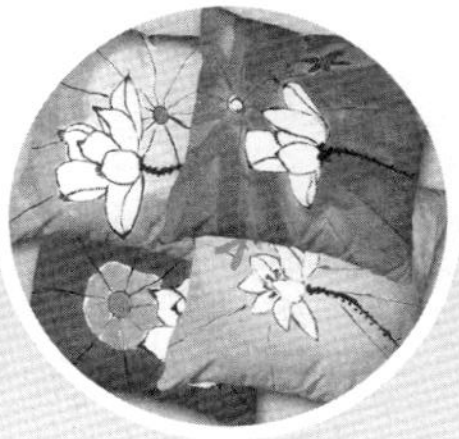
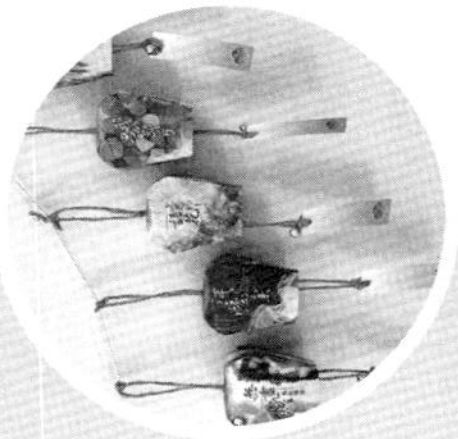

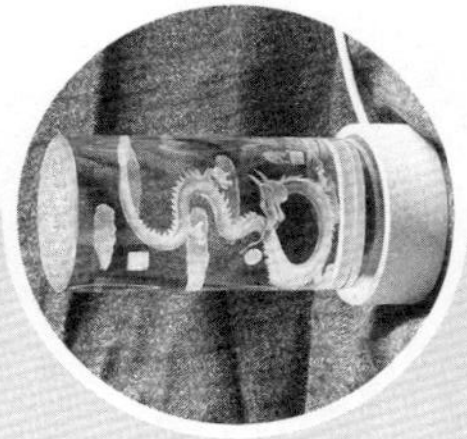

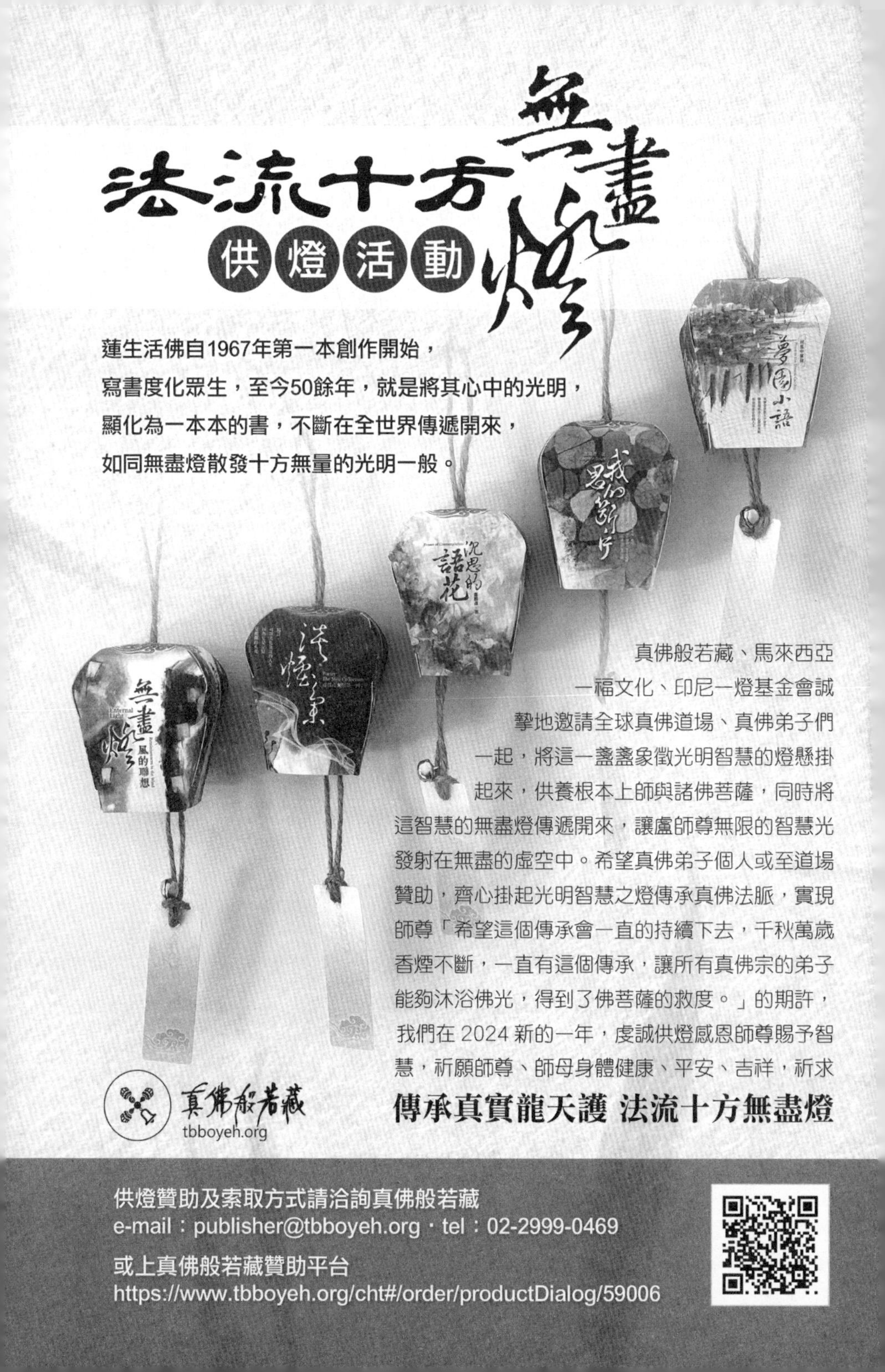
法流十方無盡燈
供燈活動
蓮生活佛自1967年第一本創作開始，
寫書度化眾生，至今50餘年，就是將其心中的光明，
顯化為一本本的書，不斷在全世界傳遞開來，
如同無盡燈散發十方無量的光明一般。
夢園小語
沉思的語花
無盡燈
風的聯想
真佛般若藏、馬來西亞一福文化、印尼一燈基金會誠摯地邀請全球真佛道場、真佛弟子們一起，將這一盞盞象徵光明智慧的燈懸掛起來，供養根本上師與諸佛菩薩，同時將這智慧的無盡燈傳遞開來，讓盧師尊無限的智慧光發射在無盡的虛空中。希望真佛弟子個人或至道場贊助，齊心掛起光明智慧之燈傳承真佛法脈，實現師尊「希望這個傳承會一直的持續下去，千秋萬歲香煙不斷，一直有這個傳承，讓所有真佛宗的弟子能夠沐浴佛光，得到了佛菩薩的救度。」的期許，我們在 2024 新的一年，虔誠供燈感恩師尊賜予智慧，祈願師尊、師母身體健康、平安、吉祥，祈求
傳承真實龍天護 法流十方無盡燈
真佛般若藏
tbboyeh.org
供燈贊助及索取方式請洽詢真佛般若藏
e-mail：publisher@tbboyeh.org · tel：02-2999-0469
或上真佛般若藏贊助平台
https://www.tbboyeh.org/cht#/order/productDialog/59006

蓮生活佛盧勝彥文集第303冊《凡塵的小叮嚀》發行的同時，真佛般若藏特別以蓮生活佛的畫作而製作的「叮嚀小燈」，畫作中的偈文金句，如同蓮生活佛慈悲眾生的殷勤囑咐，再三的叮嚀，也能在家中各個角落、在日常生活中，時時照亮著你我，指引我們通往光明之路。

「叮嚀小燈」共推出三款以蓮生活佛的畫作而製作的燈罩，以及兩款實木燈座樣式可供選擇，歡迎贊助。

Ⓐ款燈座 / 台幣2400元 Ⓑ款燈座 / 台幣2700元

「叮嚀小燈」詳細規格說明
請掃描右側QRcode至
真佛般若藏網路訂購平台查詢
www.tbboyeh.org/cht#/order

蓮生活佛盧勝彥文集全目錄 第001冊～082冊

第〇〇一冊 淡煙集
第〇〇二冊 夢園小語
第〇〇三冊 飛散藍夢
第〇〇四冊 風中葉飛
第〇〇五冊 無盡燈（風的聯想）
第〇〇六冊 沉思的語花
第〇〇七冊 我思的斷片
第〇〇八冊 財源滾滾術
第〇〇九冊 給麗小札
第〇一〇冊 企業怪相
第〇一一冊 旅人的心聲
第〇一二冊 悵惘小品
第〇一三冊 心窗下（夢園小語續集）
第〇一四冊 成功者箴言（上）
第〇一五冊 成功者箴言（下）
第〇一六冊 靈機神算漫談（上）
第〇一七冊 南窗小語
第〇一八冊 青山之外
第〇一九冊 靈與我之間
第〇二〇冊 靈機神算漫談(下)
第〇二一冊 靈魂的超覺
第〇二二冊 啟靈學
第〇二三冊 神祕的地靈
第〇二四冊 靈的自白書（上）
第〇二五冊 靈的自白書（下）
第〇二六冊 玄秘的力量
第〇二七冊 靈的世界
第〇二八冊 泉聲幽記
第〇二九冊 地靈探勝與玄理
第〇三〇冊 禪天廬雜記
第〇三一冊 東方的飛氈
第〇三二冊 載著靈思的小舟
第〇三三冊 命運的驚奇
第〇三四冊 輪迴的祕密
第〇三五冊 泥菩薩的火氣
第〇三六冊 傳奇與異聞
第〇三七冊 神奇的錦囊
第〇三八冊 盧勝彥談靈
第〇三九冊 異靈的真諦
第〇四〇冊 通靈祕法書
第〇四一冊 第三眼世界
第〇四二冊 靈仙飛虹法
第〇四三冊 地靈仙踪
第〇四四冊 伏魔平妖傳
第〇四五冊 坐禪通明法
第〇四六冊 西雅圖的行者
第〇四七冊 黑教黑法
第〇四八冊 上師的證悟
第〇四九冊 靈仙金剛大法
第〇五〇冊 金剛怒目集
第〇五一冊 無上密與大手印
第〇五二冊 小小禪味
第〇五三冊 佛與魔之間
第〇五四冊 密宗羯摩法
第〇五五冊 大手印指歸
第〇五六冊 密教大圓滿
第〇五七冊 道法傳奇錄
第〇五八冊 皈依者的感應
第〇五九冊 真佛法語
第〇六〇冊 湖濱別有天
第〇六一冊 道林妙法音
第〇六二冊 道的不可思議
第〇六三冊 真佛祕中祕
第〇六四冊 佛光掠影
第〇六五冊 禪的大震撼
第〇六六冊 圓頂的神思
第〇六七冊 皈依者的心聲
第〇六八冊 密藏奇中奇
第〇六九冊 陽宅地靈闡微
第〇七〇冊 蓮花放光
第〇七一冊 正法破黑法
第〇七二冊 天地一比丘
第〇七三冊 陰宅地靈玄機
第〇七四冊 無形之通
第〇七五冊 真佛法中法
第〇七六冊 幽靈湖之夜
第〇七七冊 先天符筆
第〇七八冊 陽宅玄祕譚
第〇七九冊 咒印大效驗
第〇八〇冊 佛王之王
第〇八一冊 真佛儀軌經
第〇八二冊 蓮華大光明

蓮生活佛盧勝彥文集全目錄 第083冊～165冊

第〇八三冊 煙水碧雲間（上）
第〇八四冊 煙水碧雲間（下）
第〇八五冊 無上法王印
第〇八六冊 光影騰輝
第〇八七冊 神秘的五彩繽紛
第〇八八冊 蓮花池畔的信步
第〇八九冊 真佛夢中夢
第〇九〇冊 燕子東南飛
第〇九一冊 千萬隻膜拜的手
第〇九二冊 禪定的雲箋
第〇九三冊 西雅圖的冬雨
第〇九四冊 殊勝莊嚴的雲集
第〇九五冊 盧勝彥的金句
第〇九六冊 蓮生活佛的心要
第〇九七冊 寫給和尚的情書
第〇九八冊 法海鉤玄
第〇九九冊 西城夜雨
第一〇〇冊 第一百本文集
第一〇一冊 蝴蝶的風采
第一〇二冊 甘露法味
第一〇三冊 密教大相應
第一〇四冊 層層山水秀
第一〇五冊 彩虹山莊飄雪
第一〇六冊 真佛的心燈
第一〇七冊 粒粒珍珠
第一〇八冊 彩虹山莊大傳奇
第一〇九冊 盧勝彥的哲思
第一一〇冊 活佛的方塊
第一一一冊 走過天涯
第一一二冊 密教大守護
第一一三冊 小舟任浮漂
第一一四冊 密教的法術
第一一五冊 明空之大智慧
第一一六冊 黃河水長流
第一一七冊 一念飛過星空
第一一八冊 天地間的風采
第一一九冊 和大自然交談
第一二〇冊 佛王新境界
第一二一冊 天竺的白雲
第一二二冊 密教奧義書
第一二三冊 流星與紅楓
第一二四冊 背後的明王
第一二五冊 不可思議的靈異
第一二六冊 神變的遊歷
第一二七冊 靈異的真面目
第一二八冊 智慧的羽翼
第一二九冊 走入最隱祕的陰陽界
第一三〇冊 北國的五月
第一三一冊 超度的怪談
第一三二冊 飛越鬼神界
第一三三冊 天南地北去無痕
第一三四冊 非常好看
第一三五冊 揭開大輪迴
第一三六冊 隱士的神力
第一三七冊 虛空中的穿梭
第一三八冊 超現象的飄浮
第一三九冊 諸神的眼睛
第一四〇冊 神祕的幻象
第一四一冊 南太平洋的憧憬
第一四二冊 夜深人靜時
第一四三冊 人生的空海
第一四四冊 尋找另一片天空
第一四五冊 當下的清涼心
第一四六冊 虛空中的孤鳥
第一四七冊 不要把心弄丟了
第一四八冊 咒的魔力
第一四九冊 水中月
第一五〇冊 神鬼大驚奇
第一五一冊 獨居小語
第一五二冊 當下的明燈
第一五三冊 讓陽光照進來
第一五四冊 智慧的光環
第一五五冊 月光流域
第一五六冊 清風小語
第一五七冊 另一類的漫遊
第一五八冊 孤燈下的思維
第一五九冊 那老爹的心事
第一六〇冊 葉子湖之夢
第一六一冊 清涼的一念
第一六二冊 異鄉的漂泊
第一六三冊 度過生死的大海
第一六四冊 一日一小語
第一六五冊 小詩篇篇

蓮生活佛盧勝彥文集㊟目錄 第166冊～248冊

第一六六冊 神行記
第一六七冊 靜聽心中的絮語
第一六八冊 孤獨的傾訴
第一六九冊 忘憂國的神行
第一七〇冊 回首西城煙雨
第一七一冊 玻璃缸裏的金魚
第一七二冊 隨風的腳步走
第一七三冊 一夢一世界
第一七四冊 一道彩虹
第一七五冊 天涯一遊僧
第一七六冊 小雨繽紛集
第一七七冊 見神見鬼記
第一七八冊 登山觀浮雲
第一七九冊 夢裡的花落
第一八〇冊 天邊的孤星
第一八一冊 指引一條明路
第一八二冊 不可說之說
第一八三冊 走出紅塵
第一八四冊 給你點上心燈
第一八五冊 神行悠悠
第一八六冊 寂寞的腳印
第一八七冊 地獄變現記
第一八八冊 送你一盞明燈
第一八九冊 神話與鬼話
第一九〇冊 無所謂的智慧
第一九一冊 諸天的階梯
第一九二冊 天下第一精彩
第一九三冊 牛稠溪的嗚咽
第一九四冊 夢幻的隨想
第一九五冊 拾古人的牙慧
第一九六冊 清涼的書箋
第一九七冊 天機大公開
第一九八冊 金剛神的遊戲
第一九九冊 風來波浪起
第二〇〇冊 開悟一片片
第二〇一冊 大樂中的空性
第二〇二冊 千里之外的看見
第二〇三冊 孤影的對話
第二〇四冊 通天之書
第二〇五冊 阿爾卑斯山的幻想
第二〇六冊 超級大法力
第二〇七冊 拈花手的祕密
第二〇八冊 大笑三聲
第二〇九冊 魔眼
第二一〇冊 寫給雨
第二一一冊 一箭射向蒼天
第二一二冊 盧勝彥的機密檔案
第二一三冊 寫給大地
第二一四冊 瑜伽士的寶劍
第二一五冊 智慧大放送
第二一六冊 當代法王答客問
第二一七冊 海灘上的腳印
第二一八冊 月河的流水
第二一九冊 南山怪談
第二二〇冊 當代法王答疑惑
第二二一冊 與開悟共舞
第二二二冊 逆風而行
第二二三冊 無上殊勝的感應
第二二四冊 對話的玄機
第二二五冊 神算有夠準
第二二六冊 敲開你的心扉
第二二七冊 悟境一點通
第二二八冊 法王的大轉世
第二二九冊 解脫的玄談
第二三〇冊 又一番雨過
第二三一冊 法王的大傳說
第二三二冊 笑話中禪機
第二三三冊 七十仙夢
第二三四冊 蓮生活佛盧勝彥的密密密
第二三五冊 虛空來的訪客
第二三六冊 盧勝彥手的魔力
第二三七冊 少少心懷
第二三八冊 對著月亮說話
第二三九冊 夢鄉日記
第二四〇冊 打開寶庫之門
第二四一冊 遇見本尊
第二四二冊 怪談一篇篇
第二四三冊 荒誕奇談
第二四四冊 心的悸動
第二四五冊 古里古怪
第二四六冊 自己與自己聊天
第二四七冊 蓮生符
第二四八冊 天垂異象

蓮生活佛盧勝彥文集全目錄 第249冊~至今

第二四九冊 來自佛國的語言
第二五〇冊 未卜先知
第二五一冊 剪一襲夢的衣裳
第二五二冊 三摩地玄機
第二五三冊 夢見盧師尊
第二五四冊 至尊的開悟
第二五五冊 夢中的翅膀
第二五六冊 拜訪大師
第二五七冊 煙雨微微
第二五八冊 寫鬼
第二五九冊 鬼與盧師尊
第二六〇冊 天上的鑰匙
第二六一冊 定中之定
第二六二冊 鬼中之鬼
第二六三冊 鬼域
第二六四冊 虛空無變易
第二六五冊 鬼的總本山
第二六六冊 黃金的句子
第二六七冊 靈光隱隱
第二六八冊 大陰山
第二六九冊 神通遊戲
第二七〇冊 我所知道的佛陀
第二七一冊 七海一燈
第二七二冊 淨光的撫摸
第二七三冊 禪機對禪機
第二七四冊 小小叮嚀
第二七五冊 解脱道口訣
第二七六冊 南山雅舍筆記
第二七七冊 笑笑人生
第二七八冊 相約在冬季
第二七九冊 孤燈下的告白
第二八〇冊 天外之天
第二八一冊 天下第一靈
第二八二冊 遇見「達摩祖師」
第二八三冊 千艘法船
第二八四冊 七旬老僧述心懷
第二八五冊 純純之思
第二八六冊 靈異事件
第二八七冊 小語與小詩
第二八八冊 一籃子奇想
第二八九冊 如夢如幻
第二九〇冊 千艘法船的故事
第二九一冊 法王大神變
第二九二冊 神通大師維摩詰
第二九三冊 我家的鬼
第二九四冊 多世的情緣
第二九五冊 月光寶盒
第二九六冊 送你花一朵
第二九七冊 搜奇筆記
第二九八冊 夢的啟示錄
第二九九冊 八旬老僧筆記
第三〇〇冊 回歸星河
第三〇一冊 南山的風花
第三〇二冊 閃亮的金句
第三〇三冊 凡塵的小叮嚀

持續創作中……

蓮生活佛盧勝彥文集 第303集

凡塵的小叮嚀 A Reminder to the Mortal World

小語篇篇

作者：盧勝彥
出版者：財團法人真佛般若藏文教基金會
地址：新北市三重區興德路117號5F
網址：https：//www.tbboyeh.org
電子郵件信箱：publisher@tbboyeh.org
聯絡方式：
電話：+886-2-2999-0469
電話：+886-2-8512-3080
傳真：+886-2-8512-3090
封面原畫：盧勝彥
封面設計：張守雷
印刷：寶得利紙品業有限公司
法律顧問：周慧芳律師
初版：2025年01月
ISBN：978-626-7497-12-8
定價：新臺幣260元（平裝）

國家圖書館出版品預行編目資料

凡塵的小叮嚀 ：小語篇篇 / 盧勝彥作. -- 初版. --
新北市 ： 財團法人眞佛般若藏文教基金會,2025.01
面； 公分
ISBN 978-626-7497-12-8(平裝)
1.佛教修持
225.7 113016783

從一個「無明」的自己，
如何去領受「智慧」佛性的教法。
如實的修持這個教法。
最後證得：
無上正等正覺。

～蓮生活佛盧勝彥

財團法人

真佛般若藏

妙智慧的總集 明心見性由此開始

二〇一四年七月